# Vender en serie

El método PELMA (sin serlo) para crear tu
modelo definitivo de argumentación de ventas

# Vender en serie

El método PELMA (sin serlo) para crear tu
modelo definitivo de argumentación de ventas

Miguel Iribertegui Iriguibel

Prólogo
Iñigo Irizar Arcelus

Marzo, 2025

*Vender en serie: El método PELMA (sin serlo) para crear tu*
*modelo definitivo de argumentación de ventas*
Miguel Iribertegui Iriguibel

© 2025, ESIC Editorial
Avda. de Valdenigriales, s/n
28223 Pozuelo de Alarcón (Madrid)
Tel. 91 452 41 00
www.esic.edu/editorial
@EsicEditorial

ISBN: 978-84-1192-166-4
Depósito Legal:  M-7117-2025

Diseño de cubierta: Zita Moreno Puig
Maquetación: Balloon Comunicación
Lectura: Balloon Comunicación
Impresión: Gráficas Dehon

Un libro de

Impreso en España - Printed in Spain
Este libro ha sido impreso con tinta ecológica y papel sostenible.

*A Marian, ahora y siempre, gracias, mi amor.*

# ÍNDICE

# PRÓLOGO

Pelma no es la primera palabra que me viene a la mente si hay que hablar de Miguel. Ni la segunda.

Conozco a Miguel desde hace muchos años. Fue mi alumno en el MBA de Foro Europeo. Hemos sido y somos colaboradores en varios proyectos de consultoría. Y también tengo la fortuna de considerarme su amigo. Me ha hecho mucha ilusión que me pidiera escribir este prólogo a su nuevo libro. Estoy encantado de hacerlo.

Y no, pelma no es la primera palabra que me viene a la mente si hay que hablar de él.

Lo primero que me viene a la cabeza es una anécdota que él suele contar. Cuando Miguel vendía seguros, vestía de traje y corbata. Su empatía, y esta es una palabra que le va mucho más, le decía que si quería vender seguros en el campo, lo mejor era vestir como los agricultores, que eran sus potenciales clientes. Queda raro ver a dos tipos en medio de un campo, junto a un tractor: el uno vestido para las faenas propias de ese entorno y el otro como si fuera a entrar en el Consejo de Administración de Repsol. No solo queda raro, sino que el paisano puede verse algo intimidado e incómodo. A las dificultades de entender lo que es un seguro y si está haciendo lo correcto, se une el miedo escénico de enfrentarse a un tipo que vestido de traje y corbata más parece un alto funcionario de un ministerio que viene a reñirte. Por eso, para hacerse cercano y hacer cercano el servicio que estaba vendiendo, Miguel se ponía en los zapatos y en la cabeza de ese agricultor y vestía y hablaba como él. Esto, sin duda, rebaja el nivel de ansiedad del cliente que, al sentirse cómodo, se centra más en lo esencial y no se despista con lo superficial, anecdótico e irrelevante del tipo con traje y corbata. Obviamente, las conversaciones de venta terminaban en venta muchas más veces que las de sus compañeros.

Miguel trata de ponerse en los zapatos de sus clientes y de los clientes de sus clientes. No es fácil ponerse en la piel de otros, pero, sin duda, Miguel lo hace casi siempre con éxito. En nuestros proyectos de consultoría conjuntos, su empatía nos ha ayudado a mejorar los diagnósticos comerciales de nuestros clientes. Ya se sabe que cuando el diagnóstico es bueno, tenemos media solución hecha.

Tampoco es pelma la segunda palabra que me viene a la cabeza cuando veo a Miguel. Lo veo, sin duda, como entrenador de vendedores. En nuestros proyectos, este perfil de entrenador de vendedores ha sido parte esencial de la solución. En mi experiencia, he conocido pocos entrenadores de vendedores eficaces, con un conocimiento profundo de la venta y capaces de ponerse el buzo (o el traje y corbata, si es el caso) y salir a la calle. Sus informes de entrenador nos han sido muy útiles para tomar decisiones acerca de la estructura de los equipos, formación, remuneración, promoción, proceso de ventas y marketing.

Esta labor de entrenador es algo que le gusta especialmente. Lo ha hecho en varios de nuestros proyectos conjuntos. A veces lo pide a gritos: «Hay que verlos en acción. Quiero verlos vender». Muchas veces nos encontramos con que esos vendedores han sido literalmente lanzados a la calle a buscarse la vida. Sin formación de producto ni de ventas ni acerca de la empresa ni, mucho menos, acerca de competidores; se supone que el vendedor sabe vender.

Es cierto que vender es tan fácil como salir a vender. Pero a condición de que haya un conocimiento sobre el mercado, el marketing de la empresa y alguna técnica de venta. Como entrenador de vendedores, sus visitas conjuntas son esenciales para diagnosticar los problemas de la red de ventas y para implantar las buenas prácticas de ventas que nuestra empresa cliente necesite.

Así que, si Miguel es un empático entrenador de vendedores, ¿a qué viene esto de pelma? Supongo que su formación y vocación de filósofo le empujan a ser un provocador. Por otro lado, es bueno que un vendedor sea también algo provocador. Una venta es la consecuencia de una provocación ante la que un cliente debe tomar una decisión. Este es el tema del libro: la argumentación de venta y el cierre. Como muy bien describe Miguel, hay que ser sutil en la insistencia (y en la provocación), pero hay que llegar hasta el final: el cliente debe decidir libremente si compra o no.

La argumentación y el cierre es la parte clave del proceso de ventas. Es como cerrar un partido de tenis o uno de fútbol. Hay que saber argumentar y cerrar las ventas y eso supone atar bien todos los cabos que se describen en PELMA. Pero como en aquellos dibujos animados, «no se vayan todavía, aún hay más».

El método PELMA, que es el acrónimo de producto, equipo, liderazgo personal, marca y auxilio, está pensado para la venta y para el día siguiente a la venta. No se trata solo de vender; se trata de ganar clientes a largo plazo.

Como buen entrenador, Miguel describe un método y unos conceptos muy concretos de aplicación inmediata, pero no nos da recetas cerradas como si fueran la aplicación de un protocolo de lanzamiento de cohetes espaciales. El buen entrenador respeta la creatividad de los jugadores dentro del esquema general de juego. Para ilustrar los conceptos y fomentar la creatividad del lector, Miguel pone un montón de ejemplos que, para este libro, ha sacado de las series a las que, como el cine, Miguel es muy aficionado.

Para finalizar este prólogo, voy a copiar a Miguel utilizando una película como excusa para terminar. En la película *Un domingo cualquiera* (*Any Given Sunday*), dirigida por Oliver Stone en 1999, Al Pacino interpreta a un entrenador de fútbol americano. Su equipo está en decadencia, pero tiene la oportunidad de ganar un campeonato. Tras una primera parte del partido desastrosa, el equipo está mentalmente vencido. Al Pacino hace un discurso que, en mi opinión, es de los mejores de la historia del cine. El mensaje es sencillo: la vida y el fútbol americano consisten en ganar centímetros, avanzar poco a poco. Los individuos solos no pueden avanzar aislados. Necesitan avanzar en equipo, confiando en el resto de los compañeros. Al Pacino les dice que él es viejo y no puede hacerlo por ellos.

El anterior libro de Miguel, *Vender de cine*, terminaba con la parte del cierre de la venta. Como el asunto es tan relevante, es muy razonable que sea PELMA e insista dedicándole todo un libro a la argumentación y cierre de la venta y a la construcción de una relación duradera con el cliente.

En mi historia profesional, hay una pregunta que me puso en mi sitio. Fue a la vuelta de uno de mis primeros viajes de ventas en 1993. Después de leer mi informe de ventas, el propietario de la empresa me preguntó: «¿Qué vas a hacer?» (para materializar las oportunidades detectadas). Cuando vi el discurso de Al Pacino, inmediatamente me vino aquel despacho después de una semana de ventas. Al Pacino termina su discurso a los jugadores dirigiéndoles personalmente esta misma pregunta:

«Ahora, ¿qué vais a hacer?».

Os deseo una buena lectura.

Iñigo Irizar Arcelus
Febrero de 2025

# PARTE I

# Apertura

# 1

# Introducción

# 1. INTRODUCCIÓN

## ¿QUÉ ES EL MÉTODO PELMA?

«Soy un hombre muy inteligente. ¿No crees que si estuviera equivocado lo sabría?», dijo en un capítulo el personaje de Sheldon Cooper, protagonista de la magnífica *sitcom The Big Bang Theory*. No es mi caso, evidentemente, no soy tan soberbio. Pero sí que tengo la esperanza de que este libro supere a mi ópera prima (Iribertegui, 2016).

Notarán los lectores que ya leyeron *Vender de cine*, que este libro es menos extenso. Y es que cuando escribí mi primer ensayo quería hacer un libro completo sobre el mundo de la venta y sobre mi visión al respecto, probablemente porque jamás pensé que iba a escribir otro. Ahora mi propósito es más contenido en cuanto al número de páginas, pero más ambicioso en cuanto a dar con un método de éxito y focalizado en la argumentación de la propuesta de valor en la entrevista de ventas.

El método PELMA lo construyo a partir de otro método, el famoso método SPIN de venta consultiva de mi admirado Neil Rackham. Y es que he estado investigando durante un tiempo modelos de argumentación de ventas y los que he visto nunca me han llegado a convencer del todo. Algunos por demasiado complejos y otros por demasiado planos.

Entonces me puse a pensar qué era lo más importante a la hora de trasladar al cliente una propuesta comercial y, fijándome en los vendedores a los que entreno, vi que tras aplicar el método SPIN de escucha activa de Rackham, solo ponían en valor ante el cliente el producto y el servicio. A algunos les parecerá suficiente pero no, no lo es. Y no lo es porque precisamente el producto y el servicio son, en la mayoría de los casos, lo menos diferenciador de la oferta.

Entonces me focalicé en cinco puntos que a mí me parecieron clave para mejorar la propuesta de valor: el producto y el servicio —por supuesto—, pero después había algo más: la marca, el liderazgo del vendedor y el equipo de la empresa que da soporte al comercial. Empecé a mezclarlos buscando un acrónimo y así me salió lo de PELMA. Enseguida deseché la idea, los comerciales no debemos ser pelmas, bueno, quizás un poco sí, pero controlando la dosis. Precisamente, lo de ser pelmas es un estigma del que los vendedores hemos querido huir en las últimas décadas. Me decía que no podía llamar a mi método así, y seguí con la sopa de letras para a ver si me salía un acrónimo igual de musical, pero que sonara mucho más positivo. Pasaban los días y yo mismo me decía: «Tengo que volver a lo del PELMA». Lo cierto es que tras mezclar mil y una veces las letras buscando un nuevo acrónimo no lo veía nada claro. Opté en uno de mis cursos a probarlo con ese nombre y anuncié a bombo y platillo un curso titulado «El método PELMA. El método definitivo para la mejor argumentación de ventas». El curso tuvo su éxito y me animé a titular así a estas cinco recetas de venta que tienes en tus manos.

La insistencia y la constancia siempre han sido una virtud de cualquier vendedor. Entonces me pregunté: «¿Cómo conseguir ser PELMA sin serlo?». Desgranemos el acrónimo:

- *P* de *profruto*. No solo hay que vender, facturar y cobrar —el proceso tradicional—, hay que añadir una cuarta fase: el producto que da fruto o, lo que es lo mismo, tenemos que asegurarnos de que la compra de este por parte del cliente ha tenido éxito y está feliz y satisfecho de usarlo.
- *E* de *escuadrón de apoyo*. Es decir, el equipo, ¿no? Sí y no. El vendedor es por definición un *cowboy* solitario; no trabaja en equipo, lo que no significa que no tenga un equipo de profesionales detrás.
- *L* de *liderator*. Es decir, el comercial tiene que ser capaz de poner en valor a lo largo de la entrevista de ventas a él mismo.

Hablar bien de uno mismo nos suele dar vergüenza, parece demasiado narcisista y es algo a lo que no estamos acostumbrados los españoles.

- *M* de *marcalor*. La marca que da calor. Conforme va pasando el tiempo un vendedor en la misma empresa, hay muchos comerciales a los que les da vergüenza hablar de las bondades de su empresa o de sus marcas.
- *A* de *auxilio*. Más que servir al cliente vamos a auxiliarle, somos su opción —¿la única?— para sacarle de un atolladero en el que se encuentra. El CRM y la IA tenemos que ponerlos a nuestro favor.

Y luego está la culminación del proceso. Aquí vamos a aprender a ser PELMAS, pero sin serlo realmente. Este método permite aplicar una argumentación de venta sin que el cliente detecte conscientemente que la estamos aplicando. Basta con que nos convenzamos personalmente de que el método debe ser aplicado en cada conversación de ventas que tengamos tanto con clientes actuales como con prospectos o clientes nuevos.

## ¿POR QUÉ LAS SERIES?

Con *Vender de cine* traté de vincular dos pasiones —el séptimo arte y la venta— de mis tres confesables[1]. Quería contar a través de los personajes del cine las técnicas comerciales que entendía que eran las más útiles[2]. En este libro quería también encontrar algo que valiera de hilo conductor al método PELMA, que sirviera para crear una obra más fresca —aunque *Vender de cine* ya lo es—. Y me di

---

[1] La otra es el fútbol y muy especialmente el Club Atlético Osasuna, que, por si alguno tiene dudas, es el mejor equipo del mundo.

[2] No pocos lectores me han pedido que haga una segunda parte de mi primer libro con otras películas, pero he desechado la idea. En Vender de cine incluí 61 películas, pero tenía preseleccionadas un total de 110, si no entraron es porque vi que no aportaban tanto como las que incluí. Si no aportaban entonces, no van a aportar ahora.

cuenta de que en mi vida había visto mucho cine, pero que series también había visto bastantes, y muchas de ellas de gran calidad.

Otra reflexión que avala mi decisión es que las series tienen una duración mucho mayor que las películas, se pueden desarrollar con más pausa, con historias entrecruzadas, los personajes acaban siendo más ricos porque a lo largo de los capítulos les da tiempo a vivir y sentir muchas emociones, vivencias y aventuras. Y se da la circunstancia de que la relación con el cliente también pasa por esos altibajos. Queremos que el vínculo con los buenos clientes sea eterno, pasará por mejores o peores momentos seguro, pero al final si hacemos bien las cosas conservaremos al cliente, y es que no queremos perderlo. Justo lo que nos ocurre con las buenas series, que no deseamos que acaben, al contrario, ansiamos que se produzcan más y más temporadas.

Además, las series están de moda, muchos de los grandes guionistas de la industria del cine se han pasado en este siglo a guionizar series, han visto un filón económico y la posibilidad de hacer un trabajo quizás más creativo y sobre todo encontrar contratos duraderos; las series no son tan efímeras como las películas. La venta también ha evolucionado a lo largo de la historia, ahora ningún comercial quiere mantener una relación a corto plazo con un cliente, busca más bien que las relaciones sean mucho más duraderas.

Por si fuera poco, en la producción de la mayoría de las series actuales hay un componente digital muy importante que permite realizar escenas increíbles —quizás *Juego de tronos* sea un buen ejemplo—. En la venta, el comercial tiene que llegar a parecido nivel de digitalización, tiene que ser —y parecer— un vendedor 5G. Recientemente, impartiendo un curso, le dije a un vendedor B2B (que no tenía LinkedIn porque se negaba a utilizar las redes sociales) que precisamente por ese detalle no contaría con él nunca en un proceso de selección de los que suelo hacer. ¿Por negarse a utilizar y aprovechar una herramienta tan útil hoy en día para la captación de negocio? Sí.

El comercial debe evolucionar, y en estas páginas va a tener unas pautas para ello, va a seguir siendo un pelma, sí, pero ahora va a serlo sin que lo parezca.

Y termino esta introducción diciendo y, supongo, tranquilizando al comercial lector que las reflexiones que aquí va a encontrar son de aplicación inmediata en su puesto de trabajo, no son teorías sobre el más allá comercial, son lecciones prácticas de venta aplicadas al día a día.

Decía Thomas Shelby, el protagonista de la gran serie británica *Peaky Blinders*: «Ella está en el pasado. El pasado no es mi problema. Y el futuro tampoco es una de mis preocupaciones». Es como en la venta, el pasado no existe, aunque cumplieras tus objetivos, y el futuro no importa demasiado, no depende mucho de ti. Lo que importa es el negocio de aquí y de ahora. El presente. «Vivir el momento presente, ponerte en contacto con tu "ahora" constituye el meollo de una vida positiva» (Dyer, 1976).

## LOS RELATOS

El remate final del libro es el de los relatos pelmas. Cuatro relatos de historias de vendedores, de directores de ventas o directores comerciales totalmente novelados. Basados en hechos reales —como las pelis de las sobremesas de la televisión el fin de semana—, cuento historias de momentos donde se mezclan experiencias positivas o negativas de los personajes de mis andanzas entrenando vendedores por toda España. No hay referencias a lugares porque todas las batallitas podían haber pasado en cualquier parte de España. También son ficticios los nombres de los personajes y los nombres de las empresas en las que trabajaban, aunque, sin duda, los protagonistas se reconocerán fácilmente. Todos los relatos acaban con moralejas que trato de que sean ejemplarizantes y entiendo que es un remate del libro más fresco, entretenido y divulgativo. Pero sobre todo ilustrativo del método PELMA. El estilo novelesco me seduce, a lo mejor —quién sabe— es un género que algún día cultivaré.

En resumen, el libro está estructurado en tres partes:

1. Capítulos que inciden en el fundamento y en cómo aplicar el método PELMA. Capítulos 2 al 5.
2. Capítulos en los que se describe el método PELMA. Capítulos 6 al 11.
3. Relatos en los que se ponen ejemplos reales de aplicación del método. Relatos del 1 al 4
4. Epílogo

Prepárate a ser un pelma desde ya.
Sin serlo.

**2**

# La clave:
# la sutileza

## 2. LA CLAVE: LA SUTILEZA

Todo método tiene una pieza esencial en donde se apoya su estructura, una clave, que diría un arquitecto o un músico.

Pues bien, la clave en el método PELMA es la sutileza.

Veamos primero el significado de la palabra *sutileza*. El diccionario nos dice que es la cualidad de sutil o, lo que es lo mismo, algo delgado, delicado, tenue o, en su segunda acepción, algo agudo, perspicaz e ingenioso. He de reconocer que cuando curioseé su significado me esperaba la primera acepción, no así la segunda, y casi pego un brinco de alegría al descubrirla. ¡Pero si eso es precisamente un comercial!

Y ¿por qué es la sutileza la clave? Por la sencilla razón de que a nadie le gusta que le vayan a vender algo y mucho menos que se le apliquen técnicas de venta, es decir, que de alguna manera se le manipule de manera torticera para conseguir un objetivo: vender. También porque cada vez hay más técnicos metidos en labores comerciales que sufren mucho aplicando técnicas persuasivas o agresivas, no es lo suyo, ni son comerciales ni se sienten como tal. No veo a la Dra. Amy Farrah Fowler —la novia de Sheldon Cooper en *The Big Bang Theory*— vendiendo, es una científica que tiene enormes conocimientos en su área, pero deja mucho que desear en cuanto a las relaciones sociales, la empatía o la capacidad de adaptación y de relación con otro. Es decir, solo podía ser la novia de un personaje como Sheldon Cooper. Ahora bien, a Penny, la simpática vecina de Sheldon y Leonard y amiga de Amy, sí que la veo como vendedora. De hecho, acabó siendo una muy buena comercial a pesar de ser una persona sin formación. Más aún, Penny es un referente para Amy porque tiene todo aquello que a ella le falta: es muy atractiva, tiene inteligencia emocional, iniciativa, ingenio, empatía, es aguda…, es decir, sutil.

Por lo tanto, tenemos que crear un método de venta que vaya un paso más allá de las técnicas comerciales tradicionales. Un modelo que nos permita vender prácticamente sin que el cliente perciba que lo estamos haciendo. Un modelo que permita al comercial que no se considere como tal —un técnico, por ejemplo—, sentirse cómodo cuando esté frente al cliente.

## JUGANDO AL AJEDREZ CON BETH HARMON EN *GAMBITO DE DAMA*

Lo primero que hay que dejar claro es que este es un método de argumentación de ventas, es decir, que parte desde la empresa hacia el cliente y no al revés. Entonces, ¿nos olvidamos de escuchar al cliente? Por supuesto que no. La inmensa mayoría de los libros de venta que conozco hablan y no paran de hablar de que lo importante es escuchar al cliente, de las buenas preguntas, de la empatía… Y estoy de acuerdo.

De hecho, el método PELMA no es un método completo de venta, interviene en un momento puntual de la acción de venta, es el paso siguiente tras la escucha (ver Figura 2.1).

Figura 2.1. Acción de venta

Descubrimiento de necesidades del cliente — Método PELMA — Cierre de la venta

Fuente: elaboración propia

En la argumentación de ventas tradicional los vendedores se vuel-can a contar las maravillas del producto, y en el método PELMA también hay que hablar bien del producto, por supuesto, pero de una manera mucho más sutil como veremos. Y sobre todo aplicar esa sutileza para hablar de toda la propuesta de valor que ofrece la parte vendedora y que debe ir mucho más allá del producto.

Un ejemplo de sutileza la vemos en Beth Harmon, la pro-tagonista de la serie de Netflix *Gambito de dama*. Es una niña huérfana que tiene un talento especial y una inteligencia fuera de lo normal que la desarrolla jugando al ajedrez. Beth es, en cierta manera, una vendedora muy buena de su marca personal. Sutilmente, sin levantar ruido, se va colando en campeonatos menores de ajedrez en Kentucky, donde reside, hasta llegar con el paso del tiempo a ser la mejor ajedrecista del mundo. Trabaja muy bien su talento y sabe apoyarse en las personas adecuadas, como es el caso de Jolene, su amiga del orfanato —«por un tiem-po, yo fui todo lo que tenías. Y por un tiempo, tú fuiste todo lo que tenía. No éramos huérfanas. No si nos teníamos la una a la otra»—, o en su madre adoptiva para que le haga la labor de representante.

El ajedrez es posiblemente el juego más sutil hasta ahora co-nocido. Pero para llegar a ser la mejor, la campeona del mundo —ojo que viene espóiler—, Beth tiene que trabajar muy duro y entrenar mucho. Y no solo eso, a lo largo de la serie consigue un buen número de amigos ajedrecistas, los mejores de América, sus rivales, de los que ha conseguido ganarse su respeto. Sin pedirlo, Beth, puro liderazgo personal, una *liderator* —la *L* del método PELMA—, consigue que sus antiguos rivales y ahora amigos la ayuden —la *E* de escuadrón de apoyo en el método PELMA— en la partida final y definitiva ante el ruso Borgov. «Los estadounidenses jugamos solos, somos psicópatas indivi-dualistas, no nos gusta que nos ayuden» comenta en una ocasión uno de los personajes y añade «y… ¿sabes por qué los rusos son los mejores jugadores de ajedrez del mundo? Es porque ellos juegan juntos, como equipo, especialmente durante los aplazamientos. Se ayudan entre ellos».

## ME LLAMO PABLO EMILIO ESCOBAR GAVIRIA

Bryan Kramer (2017), autor del muy recomendable libro *Human to human: H2H*, nos cuenta cómo el mundo está cambiando y que ahora las personas no quieren comprar, más bien quieren sentir, entender, aprender, sentirse incluidas, ser partícipes de algo. Y así debe ser el diálogo con ellas, el objetivo es mejorar la calidad de vida de la gente, ayudarla a que disfrute en cualquier entorno, incluido el laboral, o sobre todo el laboral. Kramer nos dice: «Va por vosotros, comerciales. Encontrad el valor común en nuestra humanidad, y hablad el lenguaje que todos hemos estado esperando».

Soy un humanista convencido, recalcitrante diría incluso, y creo en el trabajo a través de las personas. Como dice mi amigo y consultor vasco Iñigo Irizar —autor del prólogo de este libro— «las personas son lo mejor y lo peor de las organizaciones». Por eso mi método PELMA se asienta en eso, en las personas, y a las personas hay que tratarlas con sutileza si quieres sacar lo mejor de ellas. Y ellas pueden ser tus jefes, tus compañeros, tus subordinados, tus proveedores, tus colaboradores y por supuesto y sobre todo tus clientes.

El método tiene un apellido: SIN SERLO, que lo pongo entre paréntesis. Aclaración necesaria porque no se busca ser un pesado, más bien todo lo contrario. De hecho, lo que se busca es guiar al cliente ante la compra sin ser un pelma irredento.

«No confundas mi amabilidad con debilidad. Soy amable con todos, pero cuando alguien no lo es conmigo, la debilidad no es lo que recordarás sobre mí» —dice Pablo Escobar, de la serie *Narcos*—. No es fácil ser el rey del narcotráfico y a la vez ser amable. Pablo Escobar, el mítico jefe del cártel de Medellín, es un tipo sutil, no es agresivo a la hora de expresarse, aunque evidentemente sí en sus acciones. En general, en las series donde nos encontramos como tema principal las mafias, tienen en sus principales personajes a gente muy sutil. La discreción es clave para ellos, no llamar la atención. Eso sí, a la vez son gente de acción, como los comerciales, rara vez se les ve en un despacho. Además de Escobar en *Narcos*, a los mafiosos los encontramos en series como la española *Fariña*, la italiana *Suburra* o la británica *Peaky Blinders*. Son sus protagonistas muy inteligentes, arriesgados, temerarios y sobre todo sutiles.

El método PELMA que vas a descubrir en estas páginas te va a ayudar a trabajar un argumentario de venta agudo, perspicaz e ingenioso, es decir, una herramienta tremendamente sutil. Toca descubrirlo.

«Con el tiempo te das cuenta de que hay que tomarse las muertes con calma», dice sutilmente el personaje del Samurái en *Suburra*.

# 3

# La anécdota como ornamento decorativo del argumento

# 3. LA ANÉCDOTA COMO ORNAMENTO DECORATIVO DEL ARGUMENTO

*CÓMO CONOCÍ A VUESTRA MADRE*

Contar las batallitas pasadas han formado, forman y formarán parte del relato del vendedor. Como manera de ilustrar las bondades del producto, no hay mejor referencia que las ya vividas con otros clientes.

En esta serie norteamericana tan singular y fresca, los personajes utilizan muchísimas anécdotas vividas para ilustrar su situación actual. Constantes saltos al pasado para entender sus circunstancias en el momento presente. Barney es sin duda el personaje más atractivo de la serie. Un tipo egocéntrico, machista y egoísta a la vez que elegante y ligón. Es un vendedor, eso sí, de primera. En un arrebato de vanidad llega a decir: «He hecho tantas acciones buenas hoy que se me ha empalmado hasta el alma». Es que hay que quererlo.

El comercial debe saber jugar con sus propias vivencias y meterlas en su relato argumental. Sé que estás pensando, querido vendedor, que ya lo haces. Lo sé. Ahora bien, empezamos con dos «cons» claves en la tarea del comercial: de manera constante y de manera consciente. Son muchos los que me dicen cuando les cuento técnicas de venta aquello de «eso ya lo hago». El problema es que lo hacen sin querer, y está muy bien porque queda más natural ante el cliente. El problema de hacer las cosas sin querer es que hay muchas veces que no se hacen. La técnica hay que aplicarla cuando se necesita. Hay que ser constante en su aplicación —y sutil— porque si no se está alerta a la hora de aplicarla se te puede ir el cliente. El reto está en hacerlo queriendo, pareciendo que se dice o hace sin querer. Es decir, de manera consciente, utilizando la técnica cuando el comercial quiere voluntariamente aplicarla. Y debe hacerse constantemente para que poco a poco se adquiera como un hábito. De ese hábito vendrá la habilidad, la técnica de venta sin que parezca, el método PELMA sin serlo.

Me explico mejor. En un relato argumental del producto la posibilidad de que aparezca el tedio es bastante normal. El comercial —como Barney en la serie— tiene sus arrebatos de vanidad y piensa que el producto como tal se vende solo si es un producto diferenciador. La manera de darle la vuelta a un relato convincente y ameno es recurrir a la anécdota, a vivencias pasadas que amenicen el relato principal. El cliente se queda más con esa vivencia que con cualquier explicación técnica. Y eso hay que hacerlo queriendo, no sin querer. Cuando hacemos las cosas sin querer —insisto— es porque no somos conscientes de que las estamos haciendo, es decir, pueden surgir o no. Ese es el gran problema, lo que aquí propongo es que lo que hagamos lo hagamos queriendo, y el reto está en que parezca natural, como si lo hiciéramos sin pensar o sin querer.

Es tan importante esto que es la parte crítica para la buena aplicación del método. No va a funcionar si no tenemos claro que este método se realiza de manera absolutamente consciente. Y para que igualmente funcione esto también es muy importante la constancia. Como Barney, si liga es porque sabe que aplica sus técnicas zalameras de una manera muy pero que muy consciente.

### SHERLOCK HOLMES

«Yo no diría que lo resolví de manera brillante, lo único que hice fue seguir un razonamiento analizando todas las pistas. Observar y razonar son dos constantes en mi vida que no puedo dejar, querido Watson».

Observar y razonar nos dice el gran Sherlock Holmes, mil veces llevado al cine y al mundo de las series. En especial recuerdo la excelente adaptación de tan irrepetible personaje en la serie de 2010 interpretada por Benedict Cumberbatch y Martin Freeman en sus dos principales personajes de Holmes y Watson. Observar es una cualidad importantísima en un comercial. «Miguel, quiero que mis comerciales sean curiosos», me decía con intuición hace un tiempo un empresario del sector químico. Cada vez me encuentro con comerciales más sesudos, muy bien preparados técnicamente. Llevo ya más de treinta años en el área comercial y puedo aseverar que esto no es como antes. No es verdad que nada ha cambiado, sí que ha habido un desarrollo importante: vendedores más profesionales, más cualificados y más reconocidos también tanto dentro de su propia empresa como por parte de los clientes.

En este sentido no debemos desaprovechar ese talento y caer en la autocomplacencia. Igual hemos descuidado un poco el cultivo de nuestras habilidades comerciales en favor del conocimiento que da, *a priori*, más rendimiento. Las habilidades de venta se tienen que aplicar siempre, ahora más que nunca en un mundo tan competitivo. Por eso no debemos dejar nuestras habilidades sujetas a la improvisación, a que nos venga un momento de lucidez o un arrebato de creatividad cuando estemos ante el cliente. Preparación.

La sutileza es la argamasa del método PELMA; funciona mejor sin duda cuando las anécdotas no están preparadas y surgen por sí solas, pero reconozco que no todos los comerciales son tan creativos. No me refiero a que las anécdotas haya que llevarlas preparadas, la espontaneidad es muy importante, porque al fin y al cabo surgen a partir de una observación que nos hace el cliente y eso no lo podemos saber de antemano. Pero sí que hay que tener la voluntad inequívoca de aplicarlas en la entrevista de ventas.

No hay que intentarlo, hay que hacerlo.

¿Cómo se elabora una anécdota?

- Con cada uno de los cinco elementos del método PELMA —profruto, escuadrón de apoyo, liderator, marcalor y auxilio—, pensar en anécdotas vividas vinculadas a cada concepto.
- Pensar en las principales preguntas que suelen hacernos nuestros clientes, redactarlas y al lado escribir una anécdota para darles respuesta. Método.

- Es muy importante que la anécdota sea real.
- Redactarlas y ensayarlas en su elocución para que salgan de una manera coloquial.
- Que evoquen un lugar, un personaje o relacionadas con un acontecimiento determinado que le sugieran positividad a nuestro interlocutor. Hagámosle viajar en su mente en el tiempo y en el espacio. Por ejemplo: «Recuerdo una vez, era a principios de siglo —lo relaciona probablemente con hechos positivos vividos en esa época, los hechos negativos tendemos a olvidarlos— y fue en Barcelona…» —el interlocutor «viaja» a la ciudad condal y, lo mismo, se acordará de vivencias positivas vividas en esa ciudad—.

Pero sobre todo lo más importante es que las utilicemos. Insistiremos mucho en el método, los cinco hilos argumentales hay que utilizarlos sí o sí, en cada conversación y comunicación con los clientes de siempre y con los nuevos. Si solo usamos la *P* y la A, por ejemplo, seguro que nos quedamos cortos en nuestra argumentación.

«Usted sabe que mi método se basa en la observación de tonterías», Sherlock Holmes *dixit*.

Figura 3.1. La anécdota en el método PELMA

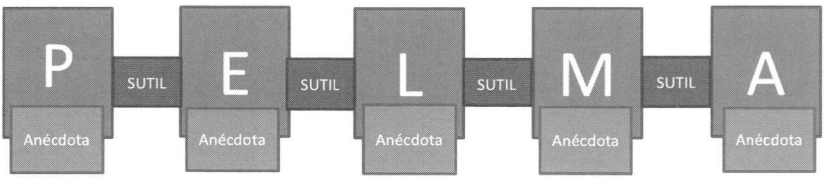

Fuente: elaboración propia

# ¿Tengo que ser un actor para ejecutar el método PELMA ante el cliente?

## 4. ¿TENGO QUE SER UN ACTOR PARA EJECUTAR EL MÉTODO PELMA ANTE EL CLIENTE?

Mentiría si te dijera que no, pero no te preocupes en exceso que no te voy a pedir que seas Di Caprio o Scarlett Johansson ni que dejes de ser tú. Al contrario.

*HOW YOU DOING, JOEY?*

No es fácil decantarse por uno de los personajes de *Friends*, de hecho, eso es parte del éxito de la serie: consigue que adoremos a los seis. Hablemos aquí de Joey, que en la serie hace el papel de un actor buscavidas con bastante poco éxito. Presume ante sus amigos de sus dotes actorales e incluso en ocasiones sugiere utilizarlos para conseguir un objetivo, normalmente una conquista amorosa.

La venta siempre ha tenido un componente teatral, para qué negarlo. Pero también es verdad que hace años —en el siglo pasado, por ejemplo— esa teatralidad era un rasgo o una competencia absolutamente crítica. Mucho más valorada por los reclutadores de personal que, por ejemplo, el conocimiento técnico del vendedor. Esto ya no es así.

Pero la teatralidad no ha desaparecido y nunca desaparecerá —en esto no va a poder ni la inteligencia artificial, que nunca será inteligencia emocional—, sigue formando parte de la venta porque en el fondo forma parte de la vida. Hay vendedores de nuevo cuño, sobre todo los técnicos reciclados a comercial (he formado a muchos ingenieros con tareas comerciales para poder aseverarlo) que se rebelan ante la posibilidad de interpretar un papel ante el cliente. No acaban de entender —entiendo que no es fácil— que la vida, en el fondo, es pura comedia.

## ¿CÓMO SALIMOS DE ESA PARADOJA?

Si reflexionamos, nos daremos cuenta de que pocas veces somos nosotros mismos cuando nos mostramos ante los demás. Porque una cosa es nuestra personalidad y otra el comportamiento que adoptamos frente al otro. La personalidad es una suma de pensamiento y emociones que condicionan nuestra conducta. Y esta última evoluciona con el tiempo y la condicionan factores ambientales —nuestra educación o nuestras relaciones— y también factores genéticos, todo ello finalmente configura nuestra personalidad. Pero el comportamiento es moldeable y es nuestra manera de actuar y mostrarnos ante los demás, y no lo hacemos de la misma manera. Por ejemplo, no nos comportamos igual cuando estamos en una reunión con clientes que con nuestros amigos de toda la vida tomando una cerveza. En el primer caso actuamos, adoptamos un rol, una conducta, y en el segundo sacamos a relucir nuestra personalidad porque mis amigos ya me conocen, ante ellos soy más yo, saco a relucir mi autenticidad.

Es cierto que en ocasiones tengo que estar con un cliente que es absolutamente insufrible, ¿le muestro mi desagrado al verle?, ¿le pongo un semblante sombrío ante la visión de su triste figura? Seguro que no. Entonces ¿qué hacemos? Disimulamos y fingimos, hacemos teatro, en suma[3].

Pero no solo ocurre con los comerciales, la mayoría de las personas aplicamos en más ocasiones de las que pensamos el componente teatral en nuestra manera de comportarnos ante los demás, es más, a veces es bueno hacerlo[4]. La vida es puro teatro, pero tran-

---

[3]    Alguno estará pensando que sí que hay gente que se comporta tal y como es, es decir, de acuerdo con su personalidad. Personas que, por ejemplo, hablan claro siempre sin importar las consecuencias sobre los demás, aunque a medio plazo se vuelvan contra uno mismo. Y es verdad, yo conozco a varias personas así, pero ninguno es comercial y dudo mucho que lo sea alguna vez.

[4]    Por ejemplo, cuando a nuestros pequeños les hablamos de los Reyes Magos y les manipulamos, lo hacemos porque entendemos que el fin es bueno. O nos enfadamos con ellos cuando han hecho una trastada a pesar de que ese día tu estado de ánimo es fantástico y lo que menos te apetece es reñir a la criatura. O cuando nos encontramos con «la bruja del 3.º B» en el ascensor, sí, esa cabezota empeñada en llevar la contraria hasta al gato del portero.

quilo querido aprendiz de vendedor, querido técnico reciclado, en el mundo de la venta ya no se lleva lo de la sonrisa permanente, las palabras grandilocuentes, las miradas conquistadoras… No, así hoy es imposible vender, hay que ir a una naturalidad ensayada —luego hablaremos de esto—, la venta de humano a humano.

## LADY DI AL ATAQUE EN THE CROWN

Cuentan en uno de los capítulos de la serie *The Crown* el viaje de los príncipes de Gales a Australia a mediados de los años ochenta. Ese viaje tenía de inicio una carga simbólica política muy importante en tanto en cuanto incluía una visita a Bob Hawke, el primer ministro australiano —ferviente nacionalista—, que pensaba aprovechar la coyuntura para reivindicar ante el príncipe Carlos su independencia y su salida de la Commonwealth. Pero Diana, la princesa de Gales, aprovechó su exhibición ante los australianos para mostrarse como una mujer resuelta, independiente, eclipsando con su simpatía, su saber estar y su belleza a su propio marido, el príncipe Carlos. El primer ministro australiano, viendo la popularidad y la pasión que despertaba Lady Di entre sus compatriotas —él mismo estaba cautivado con la princesa—, declinó hacer cualquier reivindicación ante el príncipe Carlos. «Diana nos ha vencido a ambos», le reconoce al heredero al trono del Reino Unido en un momento de la serie.

La Corona británica —como cualquier otra de las monarquías europeas— desempeña su papel, y eso implica una puesta en escena, una actuación, un porte, un saber estar[5]. Diana entendió en

---

5 Soy de los de defender los protocolos, quizás porque les dan solemnidad a las instituciones democráticas que nos hemos dado. Me da igual que seamos una monarquía o una república, el protocolo es el protocolo. Por ejemplo, me enamora la majestuosidad que imprimen los franceses a los festejos que siguen al nombramiento —cada siete años— de su nuevo presidente de la República. Los festejos de celebración en Francia por este motivo son mayores en cuanto a solemnidad que los celebrados en España con motivo del relevo de la Corona —y no hace mucho de ello—. A mi parecer, el respeto que muestra el pueblo de Francia a su jefatura del Estado está muy por encima del que se muestra en España a la misma institución.

Australia que debía tener su protagonismo, crear su propio personaje, el de Diana de Gales. Lo hizo tan bien que su popularidad se disparó por encima de la propia reina. Pero Diana no es una Windsor y eso era inadmisible para Buckingham.

Vamos, lo de la mujer del César, además de serlo hay que parecerlo.

Entonces quedamos en que sí, en que hay que actuar, hay que adaptar un comportamiento ante los demás de una manera discreta, suave, delicada, ¡sutil!, porque al fin y al cabo la autenticidad vende, esa fue la fórmula de hecho que adaptó la princesa de Gales: la autenticidad disfrazada de una cuidada puesta en escena. Es más, un ejercicio de saber cómo argumentar sutilmente, conseguir hablar con una naturalidad ensayada. Si la naturalidad necesita ensayo ya no es naturalidad —pensará alguien— y sí, es verdad. Entonces, ¿es puro marketing? Algo así; de hecho, el método PELMA necesita de esa naturalidad ensayada sin renunciar a nuestra autenticidad. Es cuestión de adaptar nuestro comportamiento. Puro teatro.

## ENTONCES, ¿CÓMO LO HACEMOS?

Veamos, el método PELMA consiste en que en nuestra comunicación tenemos que hablar de nuestro producto, de nuestro equipo, de la marca a la que representamos, de nosotros mismos, en suma. Es decir, en una entrevista de ventas, en el momento de la argumentación, voy a utilizar esos cinco hilos argumentales del método sí o sí, y de manera muy sutil, sin que se note. Aquí está la naturalidad ensayada ante el cliente —no va a notar que estoy aplicando el método—, y hay autenticidad porque todo lo que voy a argumentar es verdad, no voy a mentir. Vender sin que lo parezca.

# 5

# Paso previo: el método SPIN de Neil Rackham

## 5. PASO PREVIO: EL MÉTODO SPIN DE NEIL RACKHAM

Voy a hacer aquí un sucinto resumen del afamado método de Rackham para así entender mejor el origen y el porqué de mi idea, ya que el modelo de Rackham parte del cliente y es básico para luego ejecutar con eficacia mi propio método, el método PELMA.

Es muy difícil argumentar si previamente no conoces las necesidades y motivaciones del cliente, y para conocerlas aplicas un método. Y a esa tarea se dedicó el gurú norteamericano con gran éxito; de hecho, se le conoce como el padre de la venta consultiva.

### *MINDHUNTER*, EN LA MENTE DEL CAZADOR

Esta serie narra la historia de lo que fue el origen de un departamento del FBI: la Unidad de Análisis de la Conducta. El trabajo llevado a cabo por dos policías, con el apoyo de una psicóloga, consistía en meterse en la mente del criminal. Es decir, se reunían con los asesinos en serie en la cárcel para entrevistarlos y comprobar y averiguar qué les motivaba a matar de una manera tan brutal y prolongada en el tiempo. Si lo conseguían, podían de alguna forma saber los móviles y el *modus operandi* de otros criminales que aún no habían sido detenidos por el FBI. De hecho, según la serie, fueron los autores del término *asesino en serie*.

En *Mindhunter* se dan lecciones varias de cómo preparar un interrogatorio y de cómo llevarlo a cabo para, mediante la manipulación de la mente, sacar la máxima información a personajes como Charles Manson o Edmun Kemper, asesinos múltiples a la vez que personas con un gran coeficiente intelectual, auténticos psicópatas.

El comercial no tiene que entrevistarse afortunadamente con delincuentes —algún vendedor con sorna me dirá que eso es lo que hace todos los días—. Las lecciones que nos da *Mindhunter* son contundentes: hay que hacer muy buenas preguntas y, sobre todo, hay que prepararse muy bien las entrevistas.

De eso precisamente va el método SPIN creado por Neil Rackham, quien investigó un sinfín de casos de vendedores durante diez años para llegar a la conclusión de que el foco hay que ponerlo en el cliente, no en el producto. Ahí el vendedor asume un papel de consultor, un detector de necesidades que es capaz de ofrecer las mejores soluciones a los clientes.

En principio el concepto de venta consultiva se ideó para negocios B2B, y había quien pensaba incluso que servía tan solo para la comercialización de productos industriales, pero el paso del tiempo ha demostrado que se puede aplicar prácticamente a cualquier tipo de venta. Por ejemplo, ¿cómo sería más probable que un vendedor de coches vendiera un vehículo, dando un discurso sin fin sobre los atributos de producto o tratando de entender para qué utiliza el coche el posible comprador?

El modelo de Rackham supuso, por tanto, una revolución respecto a la venta tradicional, que partía más del producto que del cliente. A partir de ahí su libro más famoso y reconocido donde expone su teoría sobre la venta consultiva es *SPIN Selling* (Rackham, 2021), y es ahí donde desglosa una metodología de preguntas que van de la general a la más concreta —técnica de embudo— hasta llevar al cliente al momento en que esté absolutamente convencido de que precisa de un producto que casualmente tú le puedes ofrecer. Si eres capaz de conducirlo hasta ahí, el último paso del embudo —y que yo propongo— sería el método PELMA.

Por tanto, el método SPIN es la raíz del método PELMA en la secuencia de venta, sin SPIN no hay PELMA.

Hay que evaluar qué papel va a desarrollar la IA en este método de introspección y escucha al cliente. En mi opinión la venta B2B no va a sufrir alteración alguna. Otra cosa es la venta B2C, que sí que creo que va a evolucionar. El caso de IKEA, que siempre ha escuchado a los clientes: sus empleados anotaban las preguntas de los consumidores en el momento de la entrevista de ventas, e IKEA, recopilando las preguntas más frecuentes, ponía la información en las etiquetas de sus productos. Algo que fue en la marca sueca una estrategia totalmente analógica durante finales del siglo xx y que ahora ha mutado ese mismo proceso de escucha en otro digital, y poco a poco irá evolucionando hacia la IA. No creo que en 10 años vayan a ser necesarios dependientes en las tiendas de IKEA.

Y de ello no solo se aprovecharán las nuevas generaciones. Mi buen amigo y mentor, Juan Carlos Alcaide, ha enfocado sus estudios y consultoría en los últimos años hacia lo que se llama *silver economy* (Alcaide, 2019). Básicamente consiste en que existe, y va a existir aún más, un nicho de negocio muy importante en los próximos años con las generaciones del llamado *baby boom*, que en poco van a ser casi la mitad de la población en Europa. Son personas que están jubiladas, o próximas a estarlo, que conocen las nuevas tecnologías y el entorno digital y que además tienen tiempo y ahorros en qué gastar. Por ejemplo, la IA no va solo para los jóvenes, también personas que han pasado los sesenta entienden y les gustan las nuevas tecnologías y quieren sumergirse en ellas, sobre todo en las más vanguardistas como la IA; y las empresas de consumo tienen el foco puesto en ellas.

## *Doctor House:* «Todo el mundo miente»

Serie icónica donde las haya, con un personaje rotundo: Gregory House, lo amas y lo odias a partes iguales, eso sí, el magnetismo del misántropo y genial doctor es indudable.

¿Qué tiene el doctor House que podamos aprovechar? A mi modo de ver dos cosas: es un gran diagnosticador de enfermedades y luego es un experto en manipular a su equipo para que piense ante cualquier problema médico que surja en sus pacientes y así buscar la solución. Así son todos los capítulos de la serie: exponer hipótesis e ir descartando otras hasta llegar a la resolución del problema[6].

---

6    El método deductivo utilizado en la serie parte de los mismos métodos que utilizan los detectives, en concreto se inspira en el personaje de Sherlock Holmes.

El método SPIN trata de eso: de descubrir los problemas de nuestro interlocutor, centrándonos en los más importantes, y hacer pensar al cliente para que él mismo razone y se implique en su posible solución. Al final el comercial —el House de turno— será quien dé con el diagnóstico perfecto, que lógicamente se resolverá con el producto perfecto.

Sobrevolemos desde las alturas de manera breve la descripción del SPIN de Rackham, que nos servirá para fijar los cimientos del método PELMA. Ahí van sucintamente las preguntas de su método:

1. *S de situación.* Se trata de conocer cómo está la situación del cliente en general en relación con su actividad y en relación con el vínculo que tú tienes con él. Si ya es cliente tuyo, una pregunta que a mí me encanta para iniciar una reunión y que aprendí de un jefe mío —gracias, Jordi— es la de «¿cómo nos ves?». Es brutal. Y si no es cliente y no conoce nuestra empresa, la puedes sustituir por «¿qué sabes de nosotros?». Como punto de partida no está mal.

2. *P de problema.* O de problemas porque a veces son varios. Se trata de saber de las preocupaciones del cliente, que lógicamente son susceptibles de ser resueltos por tu empresa. En esta fase hay que demostrar alta capacidad de escucha y sobre todo mucha comprensión.

3. *I de implicación.* Solemos reflexionar los problemas, pero no sus implicaciones o consecuencias, ¿por qué? Porque prefiero centrarme en la definición del problema y no en el negro futuro que traen las consecuencias que me aguardan si no soy capaz de abordarlo. Y es que si estamos en abril y faltan cinco jornadas para acabar la liga de fútbol y mi equipo del alma, que va el último, ha vuelto a perder, no quiero ni oír hablar de un descenso de categoría, quiero pensar que hay esperanza, que aún quedan partidos para darle la vuelta. El vendedor, si logra que el cliente consiga visualizar los negros nubarrones

que se ciernen sobre él si no soluciona sus problemas, conseguirá que el cliente sea más consciente de su delicada situación. Es decir, el comercial es el que tiene que hacer sentir el agobio al cliente, que vea no solo que tiene que tomar una decisión, sino que esta tiene que ser inmediata.

4. N de *necesidad* o *utilidad*. Es el cuello final del embudo. Se acerca la pregunta del millón de dólares: «¿Y que se te ha ocurrido para darle la vuelta a la situación?», pregunta de manera sutil el vendedor —otra vez la sutileza—. Es decir, le hacemos ver al cliente que el problema lo tiene él, pero que sus posibles soluciones también parten de él. Hacerle ver que los problemas y consecuencias de estos son suyos, pero que las soluciones las encontrará también él y lógicamente pensará en ti y en tu empresa para la solución.

La secuencia sería así como aparece en la Figura 5.1.

Figura 5.1. Secuencia del método SPIN

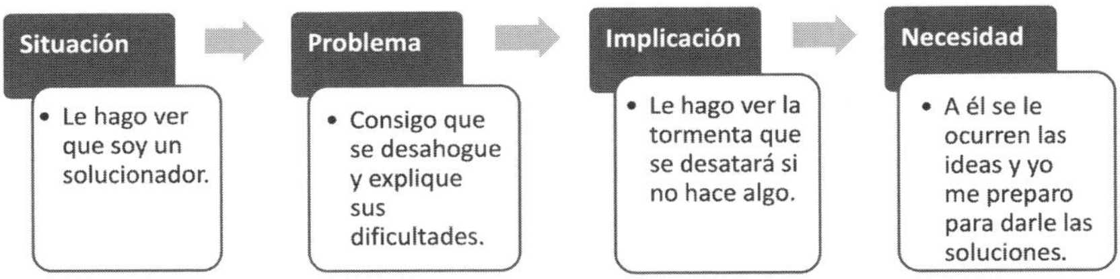

| **Situación** | **Problema** | **Implicación** | **Necesidad** |
|---|---|---|---|
| • Le hago ver que soy un solucionador. | • Consigo que se desahogue y explique sus dificultades. | • Le hago ver la tormenta que se desatará si no hace algo. | • A él se le ocurren las ideas y yo me preparo para darle las soluciones. |

Fuente: elaboración propia

## DAR CERA, PULIR CERA

Es fácil de entender y difícil de implantar el método SPIN, como el método PELMA. ¿Por qué? Por la sencilla razón de que el comercial necesita disciplinarse para practicarlo, se necesita mucho ensayo también y sobre todo liderazgo, en el sentido de liderar y dirigir la comunicación con el cliente.

Es cuestión de ensayo, de aprendizaje, como el del profesor Miyagi en *Karate Kid*. En 2018 se estrenó la serie *Cobra Kai* en Netflix, que cuenta el reencuentro entre Danny Larusso y Johnny Lawrence, los inolvidables personajes que protagonizaron la pelea final en la primera película de *Karate Kid*, estrenada en 1984. La serie tiene la virtud de enganchar a dos generaciones, por un lado, con un conflicto de fondo entre los ahora cincuentones Larusso y Lawrence, y otro más cercano a las nuevas generaciones, resaltando las preocupaciones de sus hijos adolescentes.

Cuestión de enfoque: mientras en Cobra Kai, el refundado centro de karate de Johnny Lawrence se enseña el arte marcial desde la agresividad —poco aconsejable en la venta de hoy en día—, en las enseñanzas de Larusso, heredadas de Miyagi, el karate se trabaja desde la defensa, desde la disciplina; corazón sí, pero cabeza también, lo que no puede salir es del intestino, como recuerda Daniel a su hija.

Ahí la figura del mentor de la dirección de ventas o dirección comercial es fundamental como veremos en el capítulo final del libro, donde hablaremos de la fase de implantación.

Es mucho más fácil trabajar sin método que con método, el problema es que los resultados cambian y en el primer caso se fracasa. Si no utilizo una metodología de venta, actúo prácticamente por impulsos, de la manera tradicional, me convierto en un vendedor rollista y persuasivo ante un cliente que está entrenado, y cada vez más, para no dejarse embaucar[7].

La metodología nos ayuda a dirigir procesos de ventas y de negociación. Pero un método exige disciplina, preparación, ensayo y gran actitud, como el karate. Para ambos métodos, SPIN y PELMA, necesitamos que el vendedor se prepare. La buena noti-

---

7   Los responsables de compra están preparados para ello. De hecho, en no pocas ocasiones me han pedido a mí cursos de formación para compradores, para que les explique las técnicas de venta que utilizan los vendedores. Siempre me he negado. Suelo decir que yo no trabajo para «el lado oscuro de la Fuerza».

cia es que cuando te aplicas en su ejecución vas a las entrevistas con mucha más seguridad en lo que es el desarrollo de tus habilidades de venta. Además, ambos métodos no son invasivos ni agresivos, son —hay que recordarlo— sutiles.

Entendido el método SPIN, ahora toca argumentar nuestro producto, ponerlo en valor. Y a eso vamos a dedicar el próximo capítulo, a qué se entiende por valor. Si la sutileza es la clave donde se apoya el método PELMA —sigo con la metáfora de la arquitectura—, la puesta en valor es la argamasa que fija las cinco piedras angulares —y argumentales— del método.

Vamos con la primera piedra.

# PARTE II

# El método PELMA (sin serlo)

# 6

## La *P* de PROFRUTO

# 6. LA *P* DE PROFRUTO

Si algo tengo claro, tras más de treinta años de trayectoria profesional, es que a los vendedores les encanta hablar de sus productos. ¡Cómo disfrutan haciéndolo!

Y, sin embargo, ¿lo hacen bien?, ¿da fruto el resultado de su disertación? Voy con unas frases que suelo repetir como un mantra:

- Los productos, en su inmensa mayoría, se parecen como un huevo a otro huevo.
- Al cliente no le gustan los rollos, le gusta decidir, pero no pensar.
- Tan importante es el producto como la comunicación: un buen producto con una mala comunicación no llega muy lejos; un producto mediocre con una buena comunicación puede llegar hasta el infinito y más allá (caso Red Bull).

## LOS DISCURSOS DE MICHAEL SCOTT EN *THE OFFICE*

Los vendedores tienen un déficit a la hora de trasladar los beneficios del producto/servicio que venden porque no parten de las preocupaciones del cliente, parten de lo que dice su jefe que hagan o de su motivación por la comisión. No piensan mucho en el resultado que su solución va a producir en su cliente.

En definitiva, que en las empresas en general se le da mucha importancia al producto cuando en realidad es solo el objeto de transacción. El vínculo con el cliente es mucho más importante que el producto porque hoy en día la venta es una venta de soluciones y estas las da el comercial.

¡Bla, bla, bla, bla, bla, bla! pensará alguno leyendo estos dos anteriores párrafos, y tiene razón. Lo que acabo de escribir lo has leído en el 100 % de los libros de ventas que te hayas podido encontrar. Siento haberte aburrido.

Entonces, ¿qué vas a aportar de nuevo respecto a argumentar sobre un producto?

La respuesta es fácil: NADA.

Es muy famosa una conferencia TEDx[8] de un tal Will Stephen titulada «Cómo parecer inteligente en tu charla TEDx». El joven ponente diserta durante seis minutos —hilarantes— sin decir NADA y la gente aplaude con entusiasmo. ¿Cómo lo ha hecho? Los eventos TEDx han adquirido tanta fama mundial que cualquier ponente suscita tantas expectativas que el asistente está con ganas de aplaudir desde el minuto uno, da por hecho que lo que va a oír es bueno, «al fin y al cabo al Will este lo han fichado los de TEDx, algo tendrá de bueno», se dicen a sí mismos los asistentes.

TEDx tiene marca, sí, pero ¿y si no tienes marca, pero tienes un gran producto, qué haces?

Volvamos con Michael Scott, el jefe de *The Office*, que reúne a su equipo cada dos por tres para hablar la mayor parte de las veces de eso, de nada. Tanto es así que la cara con la que asisten todos los empleados a la reunión es la de «esto no va a servir para nada, como siempre». Todos no, la de Dwayne, que en su papel de pelota está encantado de todo lo que proponga Michael, y la de Jim, que va muy contento a ellas porque es una manera más de burlarse del inútil de su jefe. Pero lo normal es pasar olímpicamente de la reunión, como hace por ejemplo Stanley, que se lleva a esta siempre su cuaderno de crucigramas que rellena con gesto cansino sin importarle si Michael se da cuenta o no de su actitud.

Pero me resisto a limitar nuestra *P* del método PELMA a la palabra *producto*, la he transformado en el *profruto*, en ese producto que da fruto, que soluciona, que resuelve. ¿Hasta dónde? Hasta donde lo necesita el cliente, ni un poco más ni un poco menos.

---

8   En YouTube se encontrará con facilidad, basta con teclear «Cómo parecer inteligente en tu charla TEDx».

Y el problema es que muy pocos vendedores hablan del fruto que da un producto o, lo que es lo mismo, de lo que aporta, de lo que va a ayudar definitivamente al cliente, en qué va a mejorar su calidad de vida.

Es decir, de los beneficios, ¿no?

Pues no exactamente. La idea de profruto no es hablar de los beneficios, es ir un paso más allá —insisto—: «voy a mejorar la vida de mi cliente».

Y creo que este matiz es importante. Los de compras ya no solo buscan el beneficio empresarial, buscan a la persona que les va a hacer su vida laboral más cómoda, sin sobresaltos.

## COMO EL MARTILLO DE THOR

Me decía un comercial del sector cárnico: «Miguel, ¿cuál es el valor añadido de un filete de ternera?». Le contesté: «el cariño con el que lo presentas».

¿Qué estás pensando, que es la típica respuesta de gurú que nunca ha estado en la calle? Pues te equivocas, he acompañado en la labor de venta de carne —de vacuno, de cerdo, de cordero…— a bastantes comerciales de ese sector y mi pelea con cada uno de ellos fue la misma: convencerlos para que cada vez que entraran en el negocio de un cliente —carnicero, normalmente— transmitieran que su carne es inmejorable. ¿Lo era? La verdad es que sí. Entonces, ¿los demás tienen peores filetes? No, sus principales competidores los tienen también inmejorables, por eso compiten con él.

Les costaba vender, lógicamente, porque el cliente siempre pregunta por el precio, más aún en productos de aparente poco valor añadido donde «es lo primero y lo único que preguntan». Busquemos, por tanto, una fórmula para darle la vuelta:

—Imagínate que para ti y para este sector el precio no fuera importante, ¿qué pensarías sobre nuestra carne?

—No, si la carne será muy buena, pero el precio… —responde el carnicero.

—Si la carne es muy buena, ¿qué me falla para que tu carnicería, que también es muy buena, tenga mi carne en el expositor?

—Tener un mejor precio.

—Si la carne tuviera un mejor precio, a lo mejor no sería tan buena. Y si mi producto no está presente en esta carnicería —sabiendo de su apuesta por la calidad—, es posible que me cuestione por la calidad de mi carne.

Se trata de hacer pensar al cliente, hacerle ver que si eres líder en el mercado no es por casualidad, sino porque tienes un gran producto.

Y si vamos a otros sectores con una complejidad de producto mayor, nos encontraremos con técnicos comerciales que en el cara a cara con el cliente les cuesta aportar valor pese a tener una oferta muchas veces diferencial.

Un producto no da fruto cuando no hay motivación por parte del vendedor para demostrarle al comprador que si lo compra va a conseguir mejorar su calidad de vida.

Vamos con otro ejemplo:

En otro de mis entrenamientos acompañaba a David, un buen comercial, catedrático en esto de los vinos, calagurritano —gentilicio de alcurnia—, taurino, católico, bien peinado, pelín pijo de pueblo, con un toque desaliñado en la vestimenta y mirada franca, honesta. Hicimos visitas de bar en bar, unas veinte en cinco horas. No he andado tanto y a tanta velocidad en mi vida; los círculos de ejercicio de mi Apple Watch estaban completos a las once de la mañana. Acabé devorado.

Entramos en un bar tradicional de la ciudad al mediodía y propusimos al propietario que comprara los tintos, rosados o blancos del buen porfolio de David, vinos de todo tipo, algunos de prestigio y otros más convencionales, para todos los públicos, vamos. El propietario dijo lo esperado: «Ya tengo de todo». David puso cara de resignación, «uno más». Mientras hablaba con el hostelero, yo estaba viendo el trasiego de copas y platos que a la hora del aperitivo iban de lado a lado de la barra —es mi papel habitual: la observancia y la «escuchancia»—, y reparé en que las anchoas rebozadas jugaban un papel fundamental en el yantar de no pocos consumidores. Mientras el hostelero —intermitente en la atención a David, ya que tenía a la vez que servir cañas y vinos a cascoporro— trabajaba duro, yo aproveché el momento para preguntar a mi *coacheé* si tenía algún vino buenísimo para acompañar a lo de las anchoas, y afirmó que sí, que lo llevaba y muy bueno. Lo emplacé a que en su próxima disertación con el hostelero —en el siguiente momento de distensión— utilizara el argumento. Es decir, que uniera anchoa con vino. Y se obró la magia: «Veo que tus anchoas tienen su éxito, un producto muy bueno que lo acompañas normalmente con un vino o una cerveza. Te propongo que cada plato de anchoas lo acompañes con un buen vino blanco como el mío, un vino natural de esta tierra, limpio, envolvente, redondo, con final fresco, con aromas a piña, ideal para acompañar a tus anchoas y así contrarrestar su acidez».

Se produjo el milagro, apareció el producto que da fruto y cayeron un par de cajas de pedido.

Cambio de vivencia. Me voy ahora a San Sebastián, a la Bella Easo, a Donosti, donde trabajé con una afamada diseñadora de moda femenina, antigua discípula de Balenciaga. Tiene tres *boutiques*, repartidas en cada capital del País Vasco. La idea era trabajar con su equipo para que las prendas que venden den fruto o, lo que es lo mismo, «meterse en el armario de las clientas». La cosa fue fácil porque era un equipo fantástico en lo profesional y en lo personal, un lujo trabajar con ellas. Mi labor fue tratar de que dieran el paso de dependientas a estilistas. Si sus clientas las veían como asesoras, su credibilidad se disparaba (de ello hablaremos en el capítulo de la *L* de nuestro método PELMA), pero el objetivo era además que su producto diera fruto y se convirtiera en un profruto, y en eso nos esforzamos en su puesta en valor.

Si la clienta se fijaba en un abrigo y se lo probaba, la argumentación pasó de ser «te queda muy mono» o «estás muy guapa» o «es muy elegante, es perfecto para ti», a ser el siguiente: «te queda muy mono, además es lana inglesa, te durará toda la vida», «estás muy guapa, el corte del abrigo está pensado para que resaltes tú, no la prenda», «estás muy elegante, son patrones y diseños nuestros, hemos disfrutado mucho creando esta colección».

Ese es el producto que da fruto y uno de los secretos del método PELMA, alargar más un argumento de manera muy sutil para que este aporte más valor.

Vamos con una historia de vendedor de coches. Acompañé a Alberto, comercial de la marca Volvo, en visitas a empresas para hacer ofertas en la modalidad de *renting*. Se trataba de hablar con varios CEO, gerentes o empresarios para convencerlos de comprarse un Volvo para él o para el *staff* directivo. Todo el mundo, evidentemente, conocía el prestigio de la marca. En este sentido era fácil que le abrieran las puertas, pero luego había que vender los coches y eso era otro cantar.

De los coches apenas se hablaba, solo de los precios y de cuándo vencía el *renting* actual de los vehículos de la empresa. A Alberto le faltaba una *tablet* donde enseñar microvídeos o imágenes de las prestaciones del coche, y sobre todo hablar no del producto —todo el mundo sabe cómo es un Volvo—, sino sobre todo del profruto. En estas, en una conversación con un directivo en una de las últimas visitas que realicé con él, dijo lo siguiente:

—Es verdad que los Volvo han mejorado mucho sobre todo en cuanto a su atractivo estético[9], a mí me encantan especialmente sus faros que imitan al martillo de Thor, el dios nórdico (ahora

9  Como es sabido, el principal reclamo a la hora de comprar un coche es su atractivo estético.

muy famoso por los superhéroes y un guiño al origen de la casa, a Suecia).

—¡Al martillo de Thor! —exclama entre divertido y sorprendido el directivo.

Y no hubo más remedio que sacar el *smartphone* y ver imágenes frontales de los coches de la marca sueca mientras discutían si se parecían los faros encendidos con la luz led diurna a un martillo o no (yo no veía mucho el parecido, la verdad, pero era lo de menos). Se despertó la curiosidad y el interés del directivo en cuestión y se emplazaron a una cita cercana al vencimiento del *renting* actual.

Antes y después del método PELMA:

| Sin método PELMA (beneficio) | Con método PELMA: PROFRUTO |
|---|---|
| Mi carne es muy buena | Mi carne es muy buena, aunque si no consigo vendértela a ti a lo mejor me lo cuestiono. |
| Este vino es muy fresco, afrutado, intenso en el paladar... | Este vino es muy fresco, afrutado, intenso en el paladar y con cada sorbo tu cliente contrarrestará el amargor de la anchoa rebozada. |
| Este abrigo te queca muy bien | Este abrigo te queda muy bien, y es que la lana inglesa transmite calidad solo con verla, no hace falta ni tocarla. |
| Volvo ha mejorado mucho sus prestaciones estéticas, ahora son unos coches muy bonitos. | Volvo ha mejorado mucho sus prestaciones estéticas, ahora son unos coches muy bonitos. A mí me encantan sus faros que iluminados imitan al martillo de Thor, el dios nórdico. |

Como se ve, se trata de alargar un argumento.

No es hablar mucho más tampoco, se trata de hablar mejor, de sacarle el fruto a ese producto.

EJERCICIO

Coge uno de tus productos, uno de los más importantes en venta de tu empresa, y define su propuesta de valor. Busca su profruto.

Anota la característica principal de tu producto y añade el profruto como en los ejemplos que te he puesto antes:

| Nombre del producto: | | |
|---|---|---|
| Característica principal | Beneficio para el cliente | Profruto |
| | | |
| | | |
| | | |
| | | |
| | | |

**7**

# La *E* de ESCUADRÓN de APOYO

# 7. LA *E* DE ESCUADRÓN DE APOYO

## UN *BACK OFFICE* DE NIVEL

«Saber trabajar en equipo» me suele decir algún cliente cuando, para un proceso de selección, le pregunto sobre cualidades que debe tener un buen comercial.

Según mi opinión, un comercial no necesita trabajar en equipo, ni siquiera quiere hacerlo. Es un *cowboy* solitario. Así decidió serlo. Hay gente que no hemos nacido ni para ser gobernados ni para gobernar. Ese soy yo. Me han pasado las dos cosas: un día me hicieron jefe por primera vez y no sabía si lo estaba haciendo muy bien, al parecer sí. Hay dos maneras para comprobarlo: la primera es ir a una fiesta de la empresa, la típica comida/cena de Navidad, y hacer que se emborrache tu equipo —tú no—. Ya se sabe, solo los niños y los borrachos dicen la verdad. Funciona bastante bien y obtienes un *feedback* muy bueno de «tus chicos». La otra es irte de la empresa, entonces te hacen una fiesta de despedida —me pasó—, al parecer la cosa no había ido tan mal.

Parece que no era un mal jefe, pero lo cierto es que no me atraía nada la dirección. Reconozco que nunca me ha gustado que me gobiernen y, por lo que experimenté dirigiendo —como decía—, tampoco gobernar. Aún hay quien me dice en mi labor actual como consultor que por qué no tengo un equipo, mi respuesta siempre es la misma: no quiero. Soy un comercial que necesito vivir mi vida solo. Me siento mucho más libre. Soy un enfermo de la libertad. No pido nada a nadie, pero tampoco aguanto que a mí me pidan algo.

Sin embargo, siempre he considerado que un buen comercial debe tener un buen *back office*. Un equipo detrás que le dé soporte. Es muy importante que las empresas entiendan que su comercial, aunque sea un trabajador en nómina y plantilla es su mejor cliente. Sé que estoy dando una opinión impopular, pero es así. Ya vale de ningunear al comercial, es en el fondo quien da de comer a toda la organización. Y en no pocas empresas los comerciales son la única forma que tienen estas de generar negocio.

## CANCIÓN TRISTE DE HILL STREET

Es verdad que la auténtica eclosión de las series de televisión se ha producido en la segunda década del siglo XXI con la aparición de las plataformas, pero no es menos cierto que las series tienen una historia mucho más larga que se remonta a la propia aparición de la televisión. En este viaje al pasado no puedo, por cuestiones de edad, irme más allá de cuarenta años, y una de las series que nos marcó a los adolescentes y adultos de los ochenta fue sin duda *Canción triste de Hill Street*. Una de polis con un guion donde se profundiza mucho en los personajes y con unas historias que se alargaban más allá de lo que duraba el capítulo —*cliffhanger* se llama técnicamente—. Eso ahora es normal, pero por aquel entonces supuso toda una innovación.

Las series policiacas son innumerables, además de *Canción triste de Hill Street*: *True Detective, CSI, Mindhunter, Starsky y Hutch, Miami Vice, Los hombres de Harrelson*…[10] y todas tienen algo en común: no es un poli contra el mundo, mínimo son dos, pero sobre todo es un grupo de personajes donde no todos tienen el mismo protagonismo. Hay un par o tres de policías que son los que sujetan la trama principal y luego un buen puñado de actores secundarios que dan soporte a los personajes principales, cuya implicación es clave para la resolución de los casos.

Decía que el comercial es un personaje solitario —trabajo duro dicen, quizás—. Mucha carretera o mucho tren o mucho avión. Mucho hotel también, mucha compañía —tanta como clientes— pero a la vez, paradójicamente, mucha soledad.

---

10  Sin olvidarme de españolas como *Policías, El comisario, Los misterios de Laura, Los hombres de Paco, Brigada Central*…

La ruta es dura, pero lo más duro para un comercial no es vender o no conseguir clientes. A través de mi ya larga experiencia acompañando a vendedores de muchos sectores puedo afirmar con seguridad que de lo que se quejan es de la falta de apoyo interno, de comunicación y de herramientas para desempeñar su trabajo. La falta de apoyo es una cuestión compleja, ya que hay que definir un *back office* de verdad, un equipo que sepa, y esté mentalizado para ello, que su trabajo es dar soporte al equipo comercial. Ese equipo de secundarios que dan soporte a los protagonistas de la trama: el equipo comercial.

Es verdad que ya en este siglo muchas empresas han incorporado la figura del *product manager*, que se incorpora en el equipo comercial dando un apoyo, sobre todo técnico, imprescindible.

De todas formas, no hay en las empresas españolas una vocación de servicio al vendedor. Y no, no me he equivocado, he puesto vendedor adrede en vez de cliente. ¡Pero si un comercial es un empleado más! Sí y no. Se habla mucho de la orientación al cliente y un vendedor la tiene, faltaría más. No es posible un portero de fútbol que sea manco y no es posible un comercial sin orientación al cliente. De hecho, es una competencia que siempre me piden cuando diseño un perfil para un proceso de selección de un comercial: «Orientación al cliente y a resultados». ¡Faltaría más!

Pero decía que no hay una vocación de servicio al vendedor. Curiosamente las empresas siempre le han dado importancia a la labor comercial, pero, paradójicamente, no han tenido muy en consideración a los que precisamente son los protagonistas esenciales de generar negocio: los vendedores. Es como si en Los Ángeles —escenario de *Canción triste de Hill Street*—, ciudad con graves problemas de seguridad, no se le diera importancia a la policía.

Un comercial[11] no es un compañero en el sentido estricto de la palabra; de hecho, no se pasa mucho por la empresa y se relaciona,

---

11    Me centro aquí en comerciales asalariados que tienen un fijo con incentivos y no en los agentes autónomos que funcionan exclusivamente a comisión.

por tanto, poco con el resto de los empleados y departamentos, al menos de manera presencial.

Hace no mucho en una empresa especializada en soluciones de almacenamiento —eufemismo de comercializadora de estanterías— de tan solo diez trabajadores, incorporaron a través de mí a su primer comercial tras cuarenta años de existencia. Hasta ese momento las ventas habían funcionado por el buen hacer de su gerente y, a consecuencia de ello, por el boca a boca. Seleccioné a Eva para que hiciera esa labor. Vendedora veterana con más de veinte años de experiencia comercial en dos largas etapas: una vendiendo suministros industriales y otra en el sector de la paquetería urgente. ¿Que qué sabía Eva de estanterías cuando se incorporó? Absolutamente nada.

Me daba tranquilidad el saber que en la empresa había dos técnicos —tres contando con la gerente que a su vez era propietaria—. Los dos técnicos hacían a su vez funciones de comercial interno. Sí que visitaban empresas[12], pero solo cuando estas se ponían en contacto con ellos, venta reactiva, vamos. Se llevaban una comisión en función de las ventas que consiguieran en el año natural. Pero, repito, no eran comerciales; de hecho, no tenían cualidades para ello. Cuando se incorpora Eva, el trabajo fundamental de gerencia fue convencer a los dos técnicos que su función principal era a partir de ese momento el de ser soporte de la nueva comercial, ser en definitiva su escuadrón de apoyo. La primera reacción no es buena: «Eva no tiene ni idea», se lo toman como una molestia. Pero ella enseguida le da la vuelta: sale a visitar clientes y consigue captar unos cuantos. Ellos se sorprenden. ¿Cómo puede hacerlo siendo una ignorante en estanterías? Fácil, solo le falta una pata de una mesa de cuatro, las de la mesa de *M.A.S.H.*

---

12  No les quedaba más remedio, al fin y al cabo es una actividad donde hay que medir espacios o valorar el peso de las mercancías para hacer con éxito un buen proyecto de almacenaje.

*M.A.S.H.*

Una serie antibelicista de principios de los setenta muy del gusto de la época con un toque hippy evidente, que jugaba un doble lenguaje: a la vez que ridiculizaba al ejército, respetaba la institución militar.

Aquí me fundamento en las siglas M.A.S.H. (*Medical Army Surgical Hospital*), que da título a la serie, para reconvertir el acrónimo original en uno que me sirva más a mis intereses.

Me apoyo además en Eva, la comercial de estanterías de la que hablaba para fabularlo de la mejor manera posible. Espero que esta reflexión ayude a entender lo que es un comercial. Específicamente va dirigido a directivos y empresarios que tienen la responsabilidad de montar un escuadrón de apoyo en torno a él.

- *M* de *maximizar*. Eva no tiene conocimientos en estanterías ni en soluciones de almacenamiento, pero tiene un tesoro: conoce a propietarios, gerentes y directivos de otros departamentos gracias a sus experiencias anteriores en otros sectores y además en el mismo territorio. Tienen razón los técnicos de su empresa, efectivamente Eva no tiene ni idea del sector, aunque se esfuerce por aprender más y más cada día. Evidentemente el conocimiento del producto es su punto flaco, pero también es cierto que cuando empezó a vender suministros industriales tampoco sabía nada sobre ello, y tres cuartos de lo mismo podríamos decir de cuando lo hizo en el sector de la paquetería urgente. Lo que es irrefutable es que fruto de su buena labor comercial durante más de veinte años, lo lógico es que la reciban con los brazos abiertos en las empresas. Es decir, tiene la potestad de maximizar la experiencia que lleva en su mochila: la explotación de sus relaciones y contactos.
- *A* de *actitud*. Toda la del mundo, tiene cincuenta y pocos años y ganas de demostrar y demostrarse a sí misma que una vez

más puede con el reto. Cree en ello y sobre todo cree en ella. Pero la actitud ¿qué es? En mis clases, en diálogo con los asistentes, sale a menudo la palabra actitud, y cuando pregunto qué es exactamente eso, pocas veces encuentro la respuesta correcta. Les digo que definir la actitud es muy fácil: hacer lo que tengo que hacer y hacerlo bien. Ni más ni menos. Hablando de series, en Amazon Prime sacaron una miniserie en el año 2019 sobre la evolución de Carolina Marín, la jugadora de bádminton española (campeona olímpica y triple campeona del mundo, que en los juegos de París 2024 sufrió una desafortunada lesión en semifinales cuando optaba al oro olímpico), que no me la quise perder. Su historia más o menos me la conocía, lo que no conocía era su método de entrenamiento y la tremenda y crítica incidencia en su carrera de su entrenador, Fernando Rivas. «El patrón de juego, centrarse en el patrón de juego» —repetía como un mantra Fernando—. Y ese es el quid de la cuestión, la actitud. No es buscar el resultado, sino hacer las cosas bien, concentrarse en lo que tengo que hacer y hacerlo bien: una llamada telefónica, una visita, una planificación, un seguimiento a clientes… Como decía, esa es la cuestión. Si todo esto lo hago bien, solo hay que esperar el resultado, que por supuesto llegará.

Me acuerdo de la frase del maestro Yoda con Luke Skywalker en *Star Wars* —a la que hacía referencia en mi ópera prima *Vender de cine*— en la que tras decirle Luke aquello de «lo intentaré maestro» este le decía «hazlo o no lo hagas, pero no lo intentes». Le doy tanta importancia a esa frase que la repito varias veces en mis cursos y les digo siempre a mis alumnos: «Esta frase grabáosla en vena». Pues bien, tengo un único tatuaje en mi cuerpo, en mi antebrazo, tremendamente discreto, poca gente me lo ha visto. De tanto decir aquello de «grabáoslo en vena» al final decidí hacerlo yo y predicar con el ejemplo.

Y es que no puedo con el verbo *intentar*. Cuando alguien dice «lo intentaré» en realidad está diciendo «sé que no voy a poder, con lo cual no lo voy a hacer». Eso al menos pasa en la labor de ventas. ¿Cuántas veces te ha pasado, por ejemplo, en una contestación a un presupuesto que te diga el cliente «intentaré decirte algo mañana», y que haya ocurrido en la realidad? Pues eso.

Sí que estoy de acuerdo en conjugar el verbo intentar en pasado: «Bueno al menos lo intenté». Pero es un verbo que conjugado en presente y sobre todo en futuro me da urticaria pronunciarlo.

- *S de suerte.* La suerte la relaciono con la constancia; cuantas más veces lo ensayo más suerte tengo. Eva llegó a la empresa de estanterías y tras diez días formándose ya no pudo más y se fue a buscar clientes, le quemaba la silla de la oficina, se le caían las paredes encima. Eva entró en la empresa en enero de 2020 y el 15 de marzo de ese año el Gobierno español decidió el confinamiento masivo y obligatorio de la población por la COVID-19. Salvo los servicios esenciales, nadie podía salir de casa más que para ir al supermercado o a la farmacia. Y precisamente las estanterías no eran un servicio esencial. Eva pudo haberse quedado en casa sin hacer nada, pero eso no iba con ella, un comercial nunca puede estar quieto. Se llevó a su casa el listado de clientes donde tenía, además, los teléfonos móviles de los decisores de cada empresa. Y empezó a llamar. La excusa era que estaba confinada y que se le había ocurrido que era el mejor momento para actualizar la base de datos —tarea necesaria, importante pero no urgente que, como se sabe, nunca se encuentra un buen momento para realizarla—. El resultado fue espectacular, los clientes estaban también en sus casas, confinados y tirando de catálogo de Netflix para matar el aburrimiento. Contestaban a Eva sin problemas, y ella aprovechó la coyuntura para tratar de pactar citas en cuanto se levantara el confinamiento. Una estrategia inteligente que dejó a la empresaria gratamente sorprendida y a mí tremendamente orgulloso, al fin y al cabo, yo la había propuesto para el puesto.

- *H* de *habilidad*. Sus técnicas comerciales y de comunicación. Aquí no es que destaque, es que Eva es catedrática en ello: sabe tocar la llaga emocional del cliente, empatiza como pocos, domina las principales técnicas de venta y tiene un don a la hora de conseguir que el cliente firme el contrato. Algo que en negocios B2B jamás podrá hacer la IA.

El trabajo que tiene por delante la gerente de la empresa de estanterías es convencer a su escuadrón de que a Eva hay que apoyarla y sumar con ella, darle soporte. Y, por su parte, lo único que pide la nueva comercial es el apoyo técnico de sus compañeros, ella ya se ocupará de traer clientes. Y la labor de la gerencia es articular un sistema de incentivos donde los técnicos ganen dinero por su trabajo interno —como antes, sí—, pero que también den soporte a Eva y a los futuros clientes que puedan venir de la mano de Eva, y que esta última se acabe convirtiendo en jefa de ventas y, entonces, el escuadrón de apoyo —los dos técnicos— se acabe convirtiendo en el soporte técnico que Eva necesita y, sobre todo, necesitará.

Pero, insisto, es labor de la dirección de cada empresa crear ese escuadrón de apoyo que arrope al vendedor. Y luego es labor del comercial poner en valor a ese escuadrón en sus visitas y en general en la relación con los clientes. Ahora veremos cómo.

### Los Vengadores y La Liga de la Justicia

Yo soy más de la Liga de la Justicia que de los Vengadores o, lo que es lo mismo, más de DC que de Marvel. Y ya en concreto mis dos superhéroes favoritos son Batman y Iron Man —este de Marvel, lo sé—. Casualmente los dos únicos que no tienen superpoderes. Y es que he sido muy de héroes terrenales, sin superpoderes, pero con inteligencia, ingenio, técnicamente buenísimos e innovadores. Soy más también del Coyote que del Correcaminos y más del Pato Lucas que de Bugs Bunny. Personajes muy carismáticos todos ellos, conscientes de sus limitaciones, pero inasequibles al desaliento.

En el mundo de la venta me pasa igual: prefiero un vendedor con resultados, honesto y trabajador —aunque no sea el más exitoso— que uno que barre en ventas, pero cuyos métodos sean más que cuestionables. Vamos, que soy más del que se lo curra. Es sabido que la venta es más una cuestión de transpiración que de inspiración. No sé qué mérito tienen Superman o Thor, me parece demasiado fácil venir desde el quinto pino con superpoderes y arreglar lo de la tierra sin parpadear. Así cualquiera. Reconozco que respecto a los extraterrestres tengo un punto de xenofobia, qué le vamos a hacer.

Pero hablemos del escuadrón de apoyo, del equipo que tiene que haber detrás de un comercial. Y me vale el símil de los superhéroes para el caso. Si algo han aprendido juntos los de la Liga de la Justicia por un lado y los Vengadores por otro, es que juntos son más fuertes.

Nuestro escuadrón de apoyo, como los de la Liga o los Vengadores, tienen que aprender a trabajar en equipo para dar el mejor servicio al comercial y a su vez este tiene que ser consciente que al escuadrón hay que facilitarle la información de la mejor manera posible para que pueda darle ese mejor servicio.

Para ello hay tres acciones que desarrollar:

- Las reuniones entre el comercial y el escuadrón: muy importantes para intercambiar puntos de vista y pulir el proceso de atención al cliente, que haya una evolución, en busca de la excelencia.
- La comunicación constante: soporte informático para ello, un buen CRM que ayude a que la información fluya, limitando al máximo el error.

- El acompañamiento: es bueno que personal del escuadrón acompañe al comercial en sus visitas, aunque sea una vez, para que comprenda el trabajo del vendedor. Y al revés, que el comercial pase un día o dos viendo el trabajo del escuadrón[13].

## EL ESCUADRÓN DE APOYO EN EL MÉTODO PELMA

Ocurre que los vendedores no tienen por costumbre hablar del equipo que hay detrás ellos, de su *back office*, que es crítico para el buen resultado en el servicio al cliente.

Los motivos son diversos:

- Pereza. ¿Para qué?
- Falta de confianza en el escuadrón de apoyo.
- Básicamente no sabían que esto era importante.

Y sin embargo está demostrado que si en la argumentación somos capaces de hablar bien del personal de la empresa, nuestro producto adquiere automáticamente más valor porque ya no es un producto o un servicio más, es un servicio liderado por personas con nombre y apellidos que tienen un sólido conocimiento técnico. Es decir, el precio incluye también el asesoramiento no solo del vendedor, también del escuadrón de apoyo.

En el momento de la secuencia argumental, tras haber escuchado las necesidades del cliente —método SPIN—, llega el momento de poner en valor al escuadrón de apoyo, con sutileza, aprovechando una anécdota, hablando de nuestro equipo.

¿Cómo? Estirando la frase y añadiendo información de alto interés para nuestro interlocutor. Si hablamos de un miembro de nuestro escuadrón, el secreto es añadir en nuestra conversación

---

13    Ambas experiencias las he practicado con clientes aplicando una determinada metodología y dan un resultado extraordinario.

con el cliente estas tres cualidades de tu compañero, al menos dos de ellas:

- Nombre y apellido del miembro de tu escuadrón al que quieras mencionar. Mínimo el nombre.
- Trayectoria profesional.
- Formación y preparación.

Claro que también se pueden colar de rondón otros atributos del miembro de nuestro escuadrón, como su edad, su procedencia o alguno de sus *hobbies*. Esto, claro está, dependerá del grado de afinidad entre el cliente y el comercial y del tiempo del que se disponga.

Alguno puede pensar que es una tontería, que se presupone que el *back office* de una empresa está cualificado, que no hace falta decírselo a los clientes. No es cierto. Todo lo que está detrás del producto es para nuestro cliente importante, y si en nuestro relato humanizamos y profesionalizamos a nuestra empresa, la confianza del cliente por nuestra propuesta aumentará.

Prestaba hace un tiempo mis servicios en un almacén de suministros industriales en Zaragoza, entrenando al personal de atención al cliente —dependientes, como erróneamente se les suelen llamar en vez de lo que son: comerciales de tienda o comerciales internos—. Me situaba en una esquina del mostrador con mi portátil abierto. De cara a los clientes —todos ellos profesionales de gremios como pintores, fontaneros, electricistas, albañiles, carpinteros…— tenía la pinta de ser el informático, apartado con un portátil abierto, con el polo corporativo de mi cliente enfundado en mi cuerpo. En estas se acerca al mostrador un tipo diciendo que es técnico instalador de aire acondicionado y que estaba haciendo una obra en una nave industrial. Decía que quería comprar material pero que también quería hacer alguna consulta profesional. El que lo atiende, nada más escuchar la petición, se vuelve, aparta la cortinilla de acceso a la trastienda y a voz en grito proclama: «¡Ángel, sal, que es para aire acondicionado!». El tal Ángel apareció, vendió material, asesoró bien al cliente y este se marchó. Se volvieron hacia mí orgullosos esperando seguramente mi aplauso:

—Bueno, bien, ¿no?
—Bien sí, claro, de hecho, habéis vendido. Eso sí, puede ser mejorable.
—¿Mejor? —me dijeron incrédulos y algo molestos.
—Sí, habéis vendido, es verdad, pero no sabéis si va a volver, os ha faltado construir un vínculo personal con él, un vínculo emocional, que a lo mejor ya lo tiene por vuestra marca como almacén, ya que sois líderes en Zaragoza, pero os ha faltado poner en valor vuestro asesoramiento.
—¿A qué te refieres?
—¿Por qué habéis llamado a Ángel para atender a este cliente?
—Porque es nuestro experto en estas cosas, aquí llevará con nosotros un par de años, pero fue antes instalador de aire acondicionado, de hecho, tuvo un local propio en el centro de Zaragoza, donde estuvo mínimo quince años.
—¿Y por qué no habéis contado eso al cliente antes de llamar a Ángel?

Esa es la idea, poner en valor al escuadrón. Si estos chicos hubieran puesto en valor a Ángel, el cliente hubiera comprado seguramente lo mismo, pero el valor del asesoramiento sería mucho mayor y el cliente se iría pensando «aquí hay un auténtico experto en aire acondicionado», con lo que la posibilidad de que vuelva al almacén se multiplica.

En esto consiste esta *E* del método PELMA, alargamos un poco un argumento para intentar poner en valor a nuestro equipo. Suficiente para tranquilizar al cliente: le ponemos ante él a un auténtico experto.

| Sin método PELMA | Con método PELMA |
|---|---|
| — Soy instalador de aire acondicionado y necesito comprar material para una obra nueva que estoy haciendo en una nave industrial.<br>— Un momento... ¡Ángel, sal, que es para aire acondicionado! | — Soy instalador de aire acondicionado y necesito comprar material para una obra nueva que estoy haciendo en una nave industrial.<br>— Perfecto, voy a avisar a Ángel, que es nuestro experto, antes de trabajar aquí tuvo un negocio propio como instalador de aire acondicionado durante más de quince años. Un momento... ¡Ángel, sal, que es para aire acondicionado! |

Y, por último, antes de acabar este capítulo: lo mismo que los comerciales tienen que poner en valor a su escuadrón, el escuadrón debe poner en valor al comercial en cuanto tenga oportunidad. Para eso insistimos:

- Que el escuadrón tenga claro que está para dar soporte a la red comercial primordialmente.
- Que haya un proceso comercial, de tal manera que fluya la comunicación interna.
- Que la Dirección Comercial vele para que todo fluya y motive a ambos equipos: a la red comercial y al escuadrón de apoyo.
- Que la empresa considere al comercial como el principal cliente, y los primeros que deben mentalizarse son los del escuadrón de apoyo.

Si esto se consigue, el clima laboral será el adecuado y tanto unos como otros —red comercial y escuadrón— verán que es fructífero darse apoyo mutuo. Pasarán de colaborar a cooperar. Y si cooperan y lo hacen con alegría, la consecuencia será la implicación con la empresa y con los clientes de esta. Y eso, ya se sabe, se traduce en dinero, en beneficios.

Además de la satisfacción y el enriquecimiento personal que siempre produce el hecho de hablar bien del prójimo.

Y luego se puede pensar, por qué no, en una manera de retribución variable en forma de comisión para el escuadrón.

Phil Esterhause, el sargento de *Canción triste de Hill Street*, decía cada mañana a sus hombres tras terminar la reunión previa en la que se delimitan los trabajos de cada uno antes de salir a la calle: «Tengan cuidado ahí fuera». Afortunadamente, los comerciales no son policías y no se enfrentan a criminales, van a ver clientes y mucho más seguros que los intrépidos policías de la magnífica serie de Steven Bochco. Al fin y al cabo, tienen detrás un estupendo escuadrón de apoyo.

## Ejercicio

Piensa en tu escuadrón de apoyo. En las personas que te dan un soporte directo en el día a día. No tienen que ser más de tres o cuatro personas. Trata de ponerlas en valor.

| Nombre y apellido | Su experiencia | Su formación |
|---|---|---|
|  |  |  |
|  |  |  |
|  |  |  |
|  |  |  |

# 8

# La *L* de LIDERATOR

## 8. LA *L* DE LIDERATOR

PRESUMIR DE UNO MISMO

Es el momento de la *L* de nuestro método PELMA, la que está en el medio. Si las cinco letras son cinco piedras unidas por la argamasa de la sutileza, la del medio, la que sujeta el arco, es la clave, la dovela central.

### ROMA Y LA *AUCTORITAS*

Se aprende mucho viendo *Roma*, la magnífica serie de HBO. Y fue precisamente en la Roma clásica cuando se distinguieron dos conceptos que son clave en la cuestión de liderazgo: la *potestas* y la *auctoritas*.

Cuando digo que el comercial debe ser una autoridad en la materia que toca, no me refiero a que tenga poder (*potestas*), sino al hecho de que sea un referente para el cliente (*auctoritas*).

En ventas siempre se ha dicho que el cliente está por encima del vendedor, al fin y al cabo, es el que decide. Eso es cierto, las cosas como son. Como también es verdad que si un vendedor demuestra ante su cliente que es el mejor, que es el que es capaz de ofrecerle más soluciones, difícilmente se irá a la competencia. Es decir, la *potestas* —el poder— lo tiene el cliente —es quien decide—, pero la *auctoritas* —la autoridad— la tiene, o la debe tener, el comercial.

No es una lucha de egos entre el cliente y el vendedor, para nada, ahí el comercial tiene las de perder. Se trata de convencer desde la humildad —parte importantísima del secreto del éxito del vendedor—, de demostrar ante el cliente que el comercial es una autoridad en la materia. ¿Y a qué le llamamos materia? Por un lado, al conocimiento técnico —sin duda— y, por otro, a la capacidad de transmitir que tiene un profruto maravilloso en su cartera.

Un comercial que además del conocimiento del producto —poco o mucho— sabe comunicar y dar soluciones.

## KRIPTONITA EN *SMALLVILLE*

Como decía en el capítulo anterior hablando de superhéroes, yo era muy de Batman y muy de Iron Man. A los demás superhéroes no les hacía mucho caso, pero sin duda el siguiente en la lista era Flash, a lo mejor porque tenía algo de lo que yo siempre he carecido: velocidad. No era precisamente el más rápido en las carreras del colegio ni en mis entrenamientos y partidos de fútbol en el equipo de mi pueblo. Eso sí, tenía un gran olfato goleador —mentira, me engañaba a mí mismo, me pasaba los partidos en el banquillo—.

En mis tiempos de vendedor, uno de los jefes que tuve —los he tenido buenos y malos, aunque de todos he aprendido— dudaba de si los vendedores cumplíamos nuestras rutas, si le engañábamos y no las hacíamos, incluso sospechaba de que pasáramos gastos falsos. Esas dudas siguen existiendo en no pocos directores de ventas, aunque hoy en día mitigadas con la aparición de herramientas como el CRM.

Me acuerdo de un jefe mío al que llamaré Jorge. Yo era en aquella época comercial y Jorge era muy mirado para lo de los gastos. Me gané no pocos reproches de él por alguna que otra comida de representación —para mí más que justificada—. De hecho, aún me acuerdo de invitaciones de menú del día con clientes cuando deberían haber sido a la carta. Si así lo hubiera hecho, hubiera mejorado mucho más la relación comercial con el cliente, pero temía la reacción de mi jefe. Un día, un compañero mío, fruto de la casualidad, vio en la valija de la empresa un informe que pasaba a la dirección general de los gastos de los viajes de nuestro jefe. Mi compañero me llamó y me preguntó si Jorge el día tal de tal estuvo conmigo en tal ciudad con el fin de averiguar si esos gastos eran reales. La verdad es que mi jefe no había estado en los sitios que decía que había estado. Engañaba a la empresa, vamos. Nos dimos cuenta en realidad que Jorge tenía un sobresueldo con el tema de sus dietas y gastos de desplazamiento. Aproximadamente 1.000 € al mes —euros de principios de siglo— de gastos falsos.

Si hoy una empresa no obliga a los comerciales a reportar tras cada visita, es que tiene un problema. Aducen algunas que tanto control es síntoma de desconfianza y sí, tienen razón. He trabajado ya a estas alturas de mi vida profesional con suficientes comerciales para darme cuenta de una cosa: a los buenos vendedores no les importa hablar de su actividad y reportar, al contrario; sin embargo, a los malos vendedores —más que malos, vagos— les da mucha pereza hacerlo y ponen mil excusas para evitar dar ese tipo de información.

Comerciales de la vieja escuela se han ganado una gran reputación con los clientes gracias a que son abiertos, extrovertidos y, a consecuencia de una amplia experiencia acumulada, profesionales con una gran capacidad de respuesta técnica. El problema con vendedores de este perfil es la falta de innovación; son muy buenos, pero no evolucionan; las nuevas tecnologías les parecen que les aportan poco e, incluso, a algunos, las innovaciones introducidas en los nuevos productos que llevan en su porfolio —que a su vez tienen en ocasiones una gran base tecnológica— les resultan como ajenas: «Ya no se hacen las cosas como antes»—. ¿Cómo van a evolucionar así y conseguir transmitir que su producto es en realidad un profruto?

Ni evolucionan ni quieren hacerlo, las innovaciones en producto y en comunicación les parecen kriptonita que anula sus capacidades. Evidentemente esto cada vez ocurre menos, pero hay toda una generación de comerciales, entre los 55 y los 65 años, que por carencias en su formación de base o por su resistencia a actualizarse aportan cada vez menos valor y por supuesto menos liderazgo a los clientes. No son referentes más que para clientes con poca formación que, en no pocos sectores, son la mayoría.

Vamos con una anécdota de un entrenamiento mío con un comercial del sector de materiales para la construcción: 54 años, unos treinta de experiencia profesional, siempre en el mundo de la venta con apenas tres empresas demostradas en su currículum, le llamaremos José. Vendedor de la vieja escuela, encantador, eso sí, ahora bien, un auténtico desastre en cuanto a organización y planificación. Iba por esas fechas a impartir un curso abierto en una organización empresarial en la misma ciudad y sugerí al jefe de José que le apuntara al curso, no tanto para que aprenda de mí —él pensaba que no le iba a enseñar nada—, sino para ponerle frente a un espejo ante otros profesionales de la venta asistentes al curso para que viera sus carencias y así adquirir unas dosis necesarias de humildad. Estaba seguro de que el hecho de proyectarse ante ellos le iba a ayudar, como así finalmente fue. Durante el primer día de curso hablé de que los vendedores veteranos, cuando llevan años en una misma empresa, se acomodan y bajan su actividad en cuanto a la captación de nuevos clientes. Era una indirecta dirigida a José. Entró al trapo porque se dio por aludido y me dijo: «Miguel, ¿para qué quiero captar clientes si con los que tengo ya me es suficiente y dan beneficios a mí y a mi empresa?». Mi respuesta debió de ser fulminante porque no tuve réplica: «Porque tu jefe lo necesita y te lo pide».

Lo cierto es que tampoco es culpa del todo de José, su director tampoco tenía bien alineados los objetivos —y por consiguiente los incentivos del vendedor— para que este centrara sus esfuerzos en la captación de clientes. Por otro lado, en José se juntaban la falta de necesidad con la de liderazgo, con clientes más jóvenes y preparados técnicamente que él. Todo un problema para la empresa a medio plazo.

Todo lo que sea innovación y crecimiento, a determinados vendedores veteranos, que en su día fueron supercomerciales y que ya no levantan el vuelo porque su capa de Superman ya está vieja y desgastada, les da alergia. Anulados por la kriptonita de la innovación a la que no se suman, por la tecnificación que no asumen porque les da alergia reciclarse, por el entorno digital que no comprenden ni quieren comprender y por la profesionalidad y mayor capacitación de los compradores, de los nuevos Lex Luthor, que ya no aguantan a los comerciales que simplemente buscan hacerse «amigos» suyos.

«El verdadero héroe es el que acepta la vida que le ha tocado y logra mejorarla», dice el personaje de Carter Hall (el Hombre Halcón) en *Smallville*.

### PRISON BREAK

Los que me conocen saben de mi modo de pensar respecto al tiempo de estancia de un comercial dentro de una empresa[14]: permanecer más de cuatro años en un mismo puesto es un error.

Un empresario aragonés me dijo esta sentencia que se me quedó grabada y que en principio no le di la credibilidad que merecía: «Los buenos vendedores no trabajan para otro toda la vida, si son buenos, se montan su propia empresa».

Un comercial debe sujetar su liderazgo con base en su trayectoria profesional, y si esta se desarrolla en su empresa de toda la vida, tiene que ser una trayectoria de evolución y desarrollo, asumiendo cada vez más responsabilidades en forma de una mayor especialización en clientes, o asumiendo un mayor territorio de venta, por ejemplo. En mi opinión, no despierta mucha confianza un vendedor que lleva veinte años en una misma empresa haciendo siempre lo mismo, es decir, vendiendo lo mismo a los mismos. Esos clientes utilizan al vendedor para sus propios fines. De hecho, acaban siendo vendedores alineados más que

---

14    Lo pienso también para otros perfiles que no son del área comercial.

con la empresa con sus clientes. Para mí esa experiencia laboral, tan prolija como inane, es un dato negativo que lo tengo en cuenta cuando hago procesos de selección de comerciales, y de hecho no selecciono a personas con este tipo de currículums. Y luego son vendedores que tienen a clientes muy fidelizados, sí, pero no son clientes de futuro, son de la misma generación del vendedor, y no consiguen llegar a las nuevas generaciones, que lógicamente están mucho mejor preparadas y formadas. En estos tiempos donde la fidelidad del cliente es tan compleja, un comercial con una trayectoria tan poco dinámica, tan estática, es un inconveniente para la empresa. Cómo un tipo que lleva veinte años en una misma empresa va a aumentar las ventas y conseguir nuevos clientes en una misma empresa. Como diría Red —Morgan Freeman en la magnífica película *Cadena perpetua*— cuando hablaba de Brooks —el viejo bibliotecario de la prisión—, haciendo referencia a que su vida fuera de la cárcel iba a ser imposible porque «está institucionalizado».

Un gerente y propietario de una pequeña empresa familiar distribuidora de material deportivo me pidió que le buscara un jefe de ventas que liderara a sus seis comerciales repartidos por el territorio español. Me insistió en la primera reunión en una cuestión: «Miguel, necesito un director de ventas que tenga claro que va a ser mi mano derecha y que, por tanto, no va a tener oportunidad de progresar en esta empresa porque evidentemente no va a estar nunca a la altura de la propiedad. Pero a la vez te advierto que soy, en cuanto a la gestión de mi personal, una persona muy conservadora y que me gustaría que, si es bueno, se quedara conmigo en la empresa toda su vida». Le dije en tono sarcástico: «Me ha sonado más a condena que a oportunidad laboral».

Es muy difícil que una persona mantenga la tensión en la venta durante largo tiempo desarrollando las mismas funciones; la rotación es importante para el crecimiento de un comercial. Debe darse cuenta el propio vendedor que cuando se agota su tiempo, cuando sus tareas, sus visitas y sus rutas empiezan a formar parte de un trabajo rutinario y repetitivo, está tocando fondo. La única manera que tiene de crecer en sus funciones es manteniendo un buen equilibrio entre captación y fidelización. Eso o encontrar nuevas opciones, nuevas alternativas de desarrollo profesional en la propia empresa.

En una empresa de fertilizantes conocí a Fernando, profesional veterano, con una gran formación de base como ingeniero agrícola, que gestionaba una zona de trabajo bastante amplia en el este de España. Me confesaba que hacía más de 150.000 km al año. Fernando llevaba cuatro años en la empresa y en ese tiempo consiguió multiplicar por 35 lo vendido por el comercial anterior, es decir, una barbaridad, un gran éxito. Lo consiguió, y ¿ahora?… Estaba con la ilusión de desarrollar e implantar un nuevo sistema de vigilancia de cultivos por dron. Sería un nuevo servicio que permitiría saber al agricultor en todo momento qué, cómo y cuánta cantidad de fertilizantes iba a ser necesario aplicar en cada metro cuadrado de sus parcelas. Era cuestión de vender ese servicio de asesoramiento, cuya consecuencia sería comprar las cantidades necesarias de fertilizantes a la empresa de Fernando. Es decir, vender el auxilio del método PELMA —ya hablaremos de ello— junto con el profruto. Todo un ejemplo de venta consultiva: ayudo al cliente —agricultor— a mejorar y a ser más eficaz y eficiente en su labor en el campo de la mano de mi asesoramiento usando mis fertilizantes. Todo un ejemplo de fidelización.

También los directores comerciales deben saber cuándo un vendedor no da más de sí. Llegado ese momento, o se le reubica —en una nueva zona, con mayor responsabilidad, con clientes más importantes, o con mayor poder de negociación, por ejemplo—, o caerá en una peligrosa rutina e iniciará la cuesta abajo con el consiguiente riesgo de pérdida de liderazgo ante los clientes, que lógicamente acabará en una pérdida de clientes y de facturación.

«No me gusta formar lazos si sé que no van a durar», dice en *Prison Break* la Dra. Sara Tancredi.

El comercial no será un buen líder:

| | |
|---|---|
| Si no demuestra ante el cliente que es una autoridad en la materia. | Y si su supervisor no se preocupa de que crezca y se desarrolle profesionalmente, el problema es doble. |
| Si no es humilde y piensa que nadie le va a enseñar nada nuevo. Huye de la formación y del reciclaje. | Y si su supervisor tampoco se preocupa de formarle, el problema es doble. |
| Si no innova en la gestión y no se preocupa de utilizar las herramientas que hoy le permiten gestionar y organizar mejor su trabajo. | Y si supervisor tampoco se encarga de facilitárselas y preocuparse de que las gestione de manera adecuada, el problema es doble. |
| Si se acomoda con sus clientes de siempre vendiéndoles lo de siempre. | Y si su supervisor no se encarga de orientar sus esfuerzos a la captación de nuevos clientes y también a optimizar y cruzar ventas con clientes actuales, el problema es doble. |
| Si no se adapta a las nuevas tecnologías y no domina ni las redes sociales. No se adapta a los CRM o ignora e incluso rechaza la inteligencia artificial. | Y si su supervisor está de acuerdo que adecuarse a la digitalización es una pérdida de tiempo. El problema es doble. |

## VIKINGOS

Una de las series más aclamadas por crítica y público es la que narra la historia del vikingo Ragnar Lodbrok y la de sus descendientes. Un muy cercano retrato de lo que debió de ser la vida en la Europa del siglo x de nuestra era. El hilo conductor es sin duda la religión. Si algo les preocupaba a aquellas gentes en aquel tiempo, era qué pensaban los dioses vikingos —o el recién descubierto Dios de los cristianos— respecto a su presente y a su futuro. Y en ese sentido aparecen las dudas de sus personajes: cuanto más conocen —es decir, cuanto más viajan—, más dudan.

Ragnar Lodbrok está presente en todos los capítulos (atención, espóiler a partir de ahora en este párrafo). Aunque no aparezca físicamente el personaje —porque muere en la temporada tres— en las tres siguientes temporadas no hay un solo capítulo donde no se le mencione. Está presente de una manera u otra en cada secuencia. Y aparece como líder, aunque no se le vea; como padre, aunque no esté cerca; o como rey, aunque no gobierne. Su fama como guerrero le precede. Es un referente, un auténtico líder tanto para los vikingos como para sus enemigos, en vida y después de ella. Una leyenda.

Vamos con algunas recetas para conseguir el liderazgo personal once siglos más tarde del que le tocó vivir a Ragnar Lodbrok:

1.  Búscame en LinkedIn.
2.  Te cuento —con sutileza— mi experiencia profesional.
3.  Te cuento —con sutileza— mi formación.
4.  Te cuento —con sutileza— mis pasiones más allá del trabajo (pero que aporten valor a la relación profesional).

## 1. Búscame en LinkedIn

Es sin duda el mayor CRM del mundo. En mis cursos suelo preguntar: «¡Que levante la mano quien está dado de alta en LinkedIn!». Rara vez baja el porcentaje de un 80 %. «¡Que levante la mano el que la usa con cierta regularidad!»: un 40 %. «¡Que levante la mano el que la usa a diario!»: un 15 %. Depende del tipo de audiencia que tenga en el aula en ese momento, claro está. No es lo mismo dirigirme a gente del mundo de la banca, por ejemplo, que a comerciales que trabajan vendiendo producto de quinta gama en el sector de la alimentación.

El problema no solo es estar, sino que sepan que estás. A mi modo de ver a un comercial le interesa presumir que está en LinkedIn. Debe incluso aparecer en su tarjeta de visita[15] el icono de dicha red social y debe, por tanto, animar, allá donde esté, a que sus clientes actuales y potenciales le curioseen en LinkedIn.

Muy sutil no parece, pensará alguno con razón. Pero es que la sutileza no está reñida con la iniciativa, ni mucho menos. Al revés, hace falta iniciativa para transmitir con sutileza el mejor de los argumentos: está usted ante el mejor de los vendedores.

En LinkedIn los contactos son importantes, por supuesto, pero más importante es tener un buen perfil y contarlo. No se trata tanto de marcar un récord en cuanto a seguidores, sino de conseguir unas buenas recomendaciones, que te validen tus aptitudes y transmitir tus logros. Y luego, claro está, lo que el lector está pensando: la foto, el *claim*, el currículum…

Pero lo que más echo en falta —insisto— es que el vendedor afirme ante el cliente que su perfil de LinkedIn no solo puede ser consultado, sino que debe serlo.

En un trabajo que hice con una empresa dedicada a la venta de mobiliario para el hogar hablaba con los decoradores y les decía que para el cliente, más allá de los muebles o de la decoración de su casa[16], el valor añadido diferencial frente a los competidores lo aportaba el propio decorador. Les pregunté por qué eran

---

15  Sé que es un debate que está abierto: tarjeta de visita sí o tarjeta de visita no. Entiendo tanto las razones de la gente que opina que no es necesario como las de la gente que está a favor de ellas. Yo soy partidario de llevarlas siempre porque veo una oportunidad en ellas para sumar más que para restar. Eso sí, que sean dignas, que potencien tu marca personal, que transmitan responsabilidad, seriedad, creatividad y dinamismo. Con un buen gramaje, que tengan un aspecto sólido, de empresa fiable, que transmitan que es una empresa de confianza en su propio equipo comercial.

16  Donde les introducía el profruto, no se trata de vender muebles, se trata de vender un hogar. En un dormitorio juvenil el comprador quiere ver muebles, por supuesto, pero lo más importante es que la habitación de muestra en la exposición exhiba un póster de un equipo de fútbol o de un grupo de música, un escritorio más bien desordenado y un balón o una guitarra «tirada» en la cama. Vamos, que humanizas el producto, la exposición. De tal forma que lo que ahí se ve es que ese lugar está habitado por un adolescente, así el cliente está viendo la misma habitación de su hijo, pero con unos muebles mucho más nuevos y probablemente mucho mejores.

decoradores, qué los había llevado a ese oficio y sus respuestas fueron bastante obvias: «Me gusta la decoración». Les pregunté qué sabían los clientes sobre ellos y me dijeron que nada. Es decir, los consumidores acudían a la exposición y salían de ella con un proyecto, pero sin saber nada de quién se lo había presentado.

Igual está pensando el lector que el consumidor presupone que el decorador que tiene enfrente, solo por el hecho de estar ahí atendiéndole, es un gran profesional, vamos, que se da por hecho. Siguiendo esa teoría podríamos pensar que la cocina presupuestada es de una calidad que se da igualmente por hecha, que los montadores serán unos grandes expertos, que los plazos de ejecución se van a cumplir... Si el cliente da por bueno todo eso, ¿cuál es el factor diferencial frente a los competidores?... Pues una buena marca de la empresa ayuda, sin duda, pero si la marca —siendo líder— está en la línea de las de la competencia en la misma zona, y si el producto es aparentemente muy parecido, al igual que el servicio y el asesoramiento profesional, que como hemos dicho se presupone; vayas al negocio de mobiliario que vayas el único factor diferencial es el precio.

Por eso les propuse que se pusieran en valor resaltando su marca personal en LinkedIn y a partir de ahí incorporar su logo en la tarjeta de visita, pero sobre todo que en cada visita no faltara esta frase por parte del decorador en el momento de entrega de la tarjeta: «Esta es mi tarjeta, y si pone mi nombre en la barra de Google verá que sale mi perfil de LinkedIn, pulse ahí y conocerá más sobre mí y el motivo de por qué puedo ser un buen consejero para amueblar su hogar», Sería algo así: «Si un vikingo fuera decorador, yo sería, sin duda, Ragnar Lodbrok».

## 2. TE CUENTO —CON SUTILEZA— MI EXPERIENCIA PROFESIONAL

¿Tengo que presumir? Sí, pero, insisto, con sutileza.

No es una cuestión de ego, es una cuestión de supervivencia. A cualquier vendedor le merece la pena hablar de sus logros: el éxito atrae al éxito.

Cualquier persona tiene tras de sí una experiencia profesional. ¿Cualquiera? Sí, cualquiera. Aún está sorprendido mi hijo estudiante de veinticuatro años cuando leyó hace unos cuatro años su propio currículum que yo mismo le había elaborado. Le dije que pusiera toda experiencia que le había ayudado a ganar un dinero —muy poca— a cambio de arrimar el hombro en cualquier cosa. «¡Madre mía, papá, la de cosas que he hecho!», dijo sorprendido cuando lo leyó. No le costó mucho encontrar un trabajo a tiempo parcial, que era lo que buscaba.

Y es, precisamente, de la experiencia acumulada de lo que hay que presumir cuando estamos ante un cliente. ¿Cómo? Recurriendo a una ANÉCDOTA que con SUTILEZA y TEATRALIDAD trasladamos al cliente dentro de nuestro discurso argumental.

Ejemplo real con un comercial de productos abrasivos con un cliente ferretero en Madrid:

«Ahora que estamos hablando de los beneficios de este abrasivo —PROFRUTO— me viene a la cabeza otro cliente, un hombre encantador (empieza la anécdota) que tenía una ferretería en Barcelona (la mente del cliente viaja a Barcelona, a los recuerdos de esa ciudad) El tipo tenía doble personalidad, de hecho, cuando iba a verle rezaba para encontrarme con el Dr. Jekyll porque si tenía un mal día y estaba Mr. Hyde... (revive sus cuentos juveniles) ¡Y eso que me apreciaba! Llevo en el mundo del abrasivo más de 15 años (aplicando la *L* de liderator del método PELMA, haciendo referencia a la experiencia) y clientes como este, gracias a Dios, hay pocos, la verdad. El caso es que pese a su carácter díscolo me compraba y lo que más me gustaba de mis abrasivos era que...».

¿Difícil? A mí no me lo parece. Alguno dirá «te tienes que acordar», pero no, la respuesta correcta es «te tienes que preparar». La teatralidad no es espontánea, necesita ensayo. ¿Alguien conoce una obra de teatro que no haya sido ensayada antes de su representación?

### 3. TE CUENTO —CON SUTILEZA— MI FORMACIÓN

No es difícil que en una conversación salga la experiencia profesional del comercial a colación. Lo es más que salga la formación, y es que tampoco es cuestión de ir por la vida presumiendo de titulitis.

Es más, me he encontrado y me sigo encontrando con vendedores que no tienen una gran formación. ¿Algún problema? No tenerla no tiene por qué ser excluyente[17], de hecho, la *L* de este método PELMA es de liderazgo, no de licenciatura.

No obstante, quien tenga una formación y una preparación de base específica debe aportarla en la conversación con el cliente. Sobre todo si ese conocimiento le distingue de los comerciales de la competencia.

Vamos con el ejemplo, en este caso con la venta de fertilizantes agrícolas en Extremadura, en las ricas Vegas Altas del Guadiana.

El comercial de fertilizantes agrícolas: «¿Qué por qué estoy tan seguro? Verás, cuando empecé a trabajar en el mundo de los fertilizantes hace ya doce años (puesta en valor de la experiencia), me pregunté de qué me iban a servir mis estudios de ingeniería agrícola (puesta en valor de la formación) y ahora lo tengo claro: mientras los fertilizantes convencionales no son diferenciadores, los que yo te propongo, los especiales, sí que se adaptan perfectamente a los cultivos de regadío de esta zona. Y te explico por qué…».

Quiero insistir, no se trata solo de llevar la argumentación preparada de casa, se trata de convencerse de que en el momento de la argumentación ante el cliente voy a soltar las cinco perlas que constituyen el método PELMA. Para ello me apoyo en un buen uso de la anécdota y de manera muy sutil.

---

17    Bueno, evidentemente hay ventas donde se exige un gran conocimiento técnico, no metamos a todos los comerciales en el mismo saco. No es lo mismo vender caramelos que autómatas para una cadena de producción.

### 4. Te cuento —con sutileza— mis pasiones más allá del trabajo (pero que aporten valor a la relación profesional)

El liderazgo personal no solo se debe basar en el conocimiento técnico del comercial, en su experiencia o formación. El profesional de la venta es también persona y como tal tiene sus pasiones, sus inquietudes, sus *hobbies*, sus sueños personales.

También con sutileza pueden y deben ser tratadas en una conversación de ventas, siempre y cuando sirvan para realzar la personalidad del comercial, que el cliente piense «estoy ante una gran persona». Y siempre que ocupen poco tiempo de la conversación. Hoy en día se valora mucho estar frente a personas con comportamientos éticos altamente probados.

Hay cosas que no aportan:

- Si te gusta este o aquel partido político.
- Si vas a misa los domingos.
- Si eres hincha de tal o cual equipo.
- Lo que opines sobre el colectivo LGTBI.
- Si lo del coronavirus fue —o no fue— una conspiración mundial orquestada por China contra Estados Unidos.
- Si a tu mujer/marido le va bien o mal en el trabajo.
- Si tus hijos sacan buenas notas.
- …

En cambio, ¿qué puede aportar valor a tu personalidad ante tu cliente?

- Si has ido al teatro o a ver un museo. Demuestras tener inquietudes culturales.
- Si te has subido cada fin de semana un monte. Te gusta la naturaleza, el ejercicio al aire libre.
- Si haces deporte. Te preocupa tu salud.
- Si has visto tal o cual película o tal o cual serie (depende de qué serie o de qué película, claro). Por ejemplo, yo suelo ha-

blar bastante de *Black Mirror*, la serie de Netflix, y me sirve para hablar de mis inquietudes por las nuevas tecnologías. O también de la que nos ocupa: *Vikingos*, que me viene fenomenal para hablar sobre fenómenos —valga la redundancia— de liderazgo, de lealtad o de emprendimiento.

- Si te has leído tal o cual libro (depende del libro, claro). Demuestras que eres una persona que cultivas tu mente.
- Si has escrito en tu blog personal o un artículo en LinkedIn sobre tu mercado o sector o sobre una curiosidad cultural, por ejemplo. Demuestras inquietud por tu faceta profesional y que quieres contribuir al desarrollo de tu sector.

Conocí a Silvia en un proceso de selección que lideré para una empresa constructora que buscaban un aparejador —técnico—, pero que a su vez que fuera comercial. Misión difícil. Apareció Silvia y se hizo con el puesto. Su formación y experiencia como aparejadora ahí estaba, aunque no había hecho labor comercial en el sector[18]. Si la seleccionamos era porque en sus ratos libres, los fines de semana, era *personal shopper* y organizadora de eventos de moda. Nos demostró cómo se movía para conseguir clientes y cómo era una actividad ocasional, no hubo ningún inconveniente para incorporarla. Silvia no vive de sus actividades con la moda —aunque le encantaría—, es solo un complemento a su salario.

Y ahora, lo más importante, en su perfil profesional en LinkedIn pone de fotografía de fondo el logo de la empresa constructora y en su *claim*, debajo del nombre, coloca la siguiente leyenda: «Arquitecto técnico. Responsable comercial. Asesora de imagen y *personal shopper*. Organizadora de eventos».

---

18   Las empresas constructoras desde hace no mucho tiempo están empezando a incorporar comerciales y también nuevas herramientas vinculadas al mundo digital. Hasta hace poco, en ese sector, las únicas empresas que tenían equipo comercial eran los almacenes de material de construcción.

¿Qué aporta eso a la empresa constructora? Entre otras cosas, que Silvia, ante los ojos del cliente, aparezca como una persona que se preocupa por la imagen, por los detalles. Es muy probable que piense que el trato que me va a dar como cliente sea también detallista.

Decía el inolvidable personaje de Lagertha en *Vikingos*: «Todo en la vida son cuentos». Pues eso.

## Ejercicio

Ponte en valor ante el cliente. Enumera aquí lo que te hace diferente, tu propuesta de valor como marca personal. Y acuérdate de decirlo de manera muy sutil cada vez que estés ante el cliente:

| Mi experiencia | Mi formación |
|---|---|
| | |
| | |
| | |

# La *M* de MARCALOR, la marca que te abrasa

## 9. LA *M* DE MARCALOR, LA MARCA QUE TE ABRASA

Es lo que he constatado en no pocas ocasiones cuando entreno a vendedores: no hablan mal de su empresa, pero tampoco hablan bien de ella. Es decir, no se transmite con la asiduidad necesaria que más allá de los productos, de los servicios e, incluso, de las personas hay detrás una marca a la que el comercial representa.

### JUGANDO AL SOLITARIO EN *THE OFFICE*

Está costando mucho, no implantar la herramienta —el CRM—, ya quedan pocas empresas que no la tengan, sino que los comerciales se disciplinen en su uso. Y precisamente en esa palabra está el quid de la cuestión: la disciplina. El comercial es un ser bastante indisciplinado, casi desde la cuna —probablemente va en su ADN—. Espíritu libre donde los haya, prima la relación a la organización, prima la transacción a la rentabilidad de esta para la empresa —la comisión es la comisión—, el cliente que mola frente al cliente que no, los productos que molan —o me dejan más *money*— frente a los que no… Le gusta organizarse a su manera o, lo que es lo mismo, no organizarse y, así claro, procrastinan hasta el infinito y más allá.

Un CRM lo ven como un castigo, como un mero elemento de control. Pero la culpa no es de los comerciales. En la mayor parte de los casos, no se ha elegido bien la herramienta, y esto es precisamente porque a la hora de implantarlo se ha pensado precisamente en eso, en que sea solo una herramienta de control y no en un proyecto que permita monitorizar y monetizar la acción del equipo comercial; un proceso que permita actuar de manera coordinada entre los distintos departamentos de la empresa y un planificador eficaz y sobre todo eficiente de la acción comercial que le va a permitir a la empresa sacar mayor rentabilidad y al vendedor un mayor beneficio personal.

Y eso ¿qué tiene que ver con el concepto de marcalor? Todo. Si el vendedor ve en el CRM solo una medida de control de su actividad, este —espíritu libre no lo olvidemos— piensa que no hay confianza en él, en su quehacer profesional, y entonces consecuentemente pierde la confianza en la empresa. Entonces, ¿cómo va a hablar bien de ella ante el cliente? Más que un marcalor padece un marcafrío.

¿Y cómo le damos la vuelta? Hay que integrar al equipo comercial en una cultura de orientación al cliente, que empieza por el diseño de la cadena de valor y nos lleva al desarrollo, a su vez, de un proceso comercial donde el vendedor es un actor principal y que desembarca en la creación de una herramienta que permita planificar y gestionar a los clientes —y prospectos, no olvidarlos— para sacar a partir de la interacción con ellos la máxima rentabilidad, es decir, un CRM al que se le saque el máximo partido y sirva para mimar la relación con el cliente con eficacia (*customer relationship management* significan sus siglas). Y la manera de integrarlo es haciéndole partícipe de esa integración. Es decir, a la hora de incorporar una cultura CRM hay que empezar por hacer una cadena de valor de servicio al cliente, un auténtico proceso comercial en que se defina cómo tratar al cliente desde el primer momento de su interacción con la empresa. Para ello, a la hora de poner en marcha la herramienta, es necesario que los comerciales —o al menos una parte representativa de ellos— formen parte de un equipo transversal —donde también estén representados, por ejemplo, personal de administración comercial o el servicio posventa o almacén o logística— creado *ad hoc* para este propósito. En otras palabras, trabajar de abajo arriba para que la red comercial sienta que está ante un CRM parido, entre otros actores, por ellos mismos.

Si creemos de verdad en la red comercial, tenemos que contar con ellos no solo para vender, sino para que se sientan parte activa del diseño de la política comercial. Así creerán en su empresa, creerán en su marca. Qué pocas empresas conozco en las que a los comerciales se les dé el protagonismo necesario.

En *The Office* se ve perfectamente el poco peso que se le da al equipo comercial y lo que pueden llegar a desmotivarse. No hay más que observar al personaje de Stanley que cuando no está jugando al solitario en el ordenador está haciendo crucigramas en las reuniones.

## THE BOYS

¿Quieres ser un superhéroe? ¿Quieres ser famoso?

Una serie bastante *gore* con elementos y formatos más propios de películas de serie B es *The Boys*. Más que de una serie de superhéroes es de antisuperhéroes. Los superhéroes de *The Boys* son considerados como una máquina de hacer dinero para la empresa que los creó a base de administrarles desde que eran niños una inyección que, al inocularla, les da superpoderes gracias al misterioso Compuesto V. A partir de ahí la empresa —Vought International— gestiona el éxito de sus superhéroes para sacarles el máximo rendimiento económico. Los superhéroes se sienten como tal, pero están en constante lucha contra ellos mismos y contra Vought Internacional porque no entienden por qué tienen esos poderes que el resto de los humanos no tiene. Les gustaría ser gente normal y por ello están en constante pelea contra la empresa, contra Vought. Vought, por su parte, los gobierna desde niños por su propio interés económico. De tal manera que si uno de ellos hace algo mal —ocurre a menudo—, Vought lo oculta a la opinión pública. Constantemente están monitorizando las actividades de sus supertrabajadores para que no bajen en popularidad.

Ya me gustaría que las empresas velaran por sus comerciales como hace Vought International con sus superhéroes. Una empresa que apoye a su equipo comercial porque estos son su voz y su cara en la calle, llevan la marca puesta. Si combinamos la marca de la empresa con la marca personal —liderator—, mostraremos ante el cliente una imagen de marca total.

**Figura 9.1.** Construcción de la marca total

Fuente: elaboración propia

Muchas de las empresas en la que presto mis servicios son pequeñas o medianas. Suelo decir que más que dedicarme a las pymes, me dedico a las *pys*. Lo normal es que sus directivos o propietarios, cuando tienen buenos resultados, los achaquen al equipo humano. Hablan muy bien de la profesionalidad de sus trabajadores, del valor que aportan. Y yo me pregunto por qué esos trabajadores, de los que están tan orgullosos, no aparecen, por ejemplo, en la web de la empresa cuando es un elemento indiscutiblemente diferenciador. Por qué no aparecen en la comunicación, en sus redes sociales, como un activo de indudable valor.

Y si los vendedores son la cara de la empresa, el principal vínculo humano que une los clientes con la empresa, ¿cómo no van a estar en la página web? ¿Y cómo aparecer en ella? Con su foto y una breve descripción curricular al lado. Conozco webs que en la pestaña de «red comercial» aparece un mapamundi donde puedes clicar por países, y en ese momento sale la fotografía del comercial y los datos más atractivos de su currículum.

Sería bueno acompañar un icono de LinkedIn al lado del nombre o fotografía del comercial para que, clicando en él, se redirija la información a dicha red social. Así unes la marca del comercial con la marca de la empresa.

Es más, en otros soportes, como puede ser el correo electrónico e incluso en un presupuesto, sería bueno que apareciera la fotografía del comercial al lado de la firma en el primer caso y al final del proyecto en el segundo. Se trata de poner en valor la marca del comercial acompañada, por supuesto, de la marca de la empresa. Y estando en los tiempos en los que estamos, por qué no un enlace a un pequeño vídeo en TikTok, Instagram o YouTube donde aparezca el comercial poniendo en valor el producto, los productos, los servicios o las instalaciones de la empresa.

En un momento dado el personaje de Patriota, el líder de los superhéroes —una especie de Superman narcisista y egoísta— le dice a Madelyn Stillwell, la directora de Vought, la empresa que gestiona y explota los derechos de imagen de los superhéroes: «No necesitas esconderme cosas. Amo a Vought tanto como a ti, y puedo hacer más».

No hace falta que ames a la empresa, de hecho, Patriota mentía. Basta con que defiendas la camiseta que luces mientras haces las visitas, es lo que esperan de ti tanto tu jefe como tu cliente.

## *MARCALOR* EN LA ENTREVISTA DE VENTAS

Al igual que en los otros cuatro pilares del método PELMA, de la marca, de lo que es la imagen y reputación de la empresa, hay que hablar en la entrevista de ventas tanto con clientes actuales como potenciales, remarcando aquellos aspectos más reseñables de la empresa de una manera sutil —una vez más la sutileza—, resaltando sus logros, sus hitos, su trayectoria:

• Experiencia de la empresa, años en el sector.
• Reconocimientos, premios, hitos.

- Sellos de calidad.
- Unidades de negocio
- Casos de éxito.
- Innovaciones, patentes.
- Desarrollo digital
- Centros de trabajo.
- Procesos productivos.
- Sistemas de gestión avanzados.
- Proyectos estratégicos de futuro.
- ...

Es verdad que el comercial no podrá presumir de todo, pero sí de bastantes cosas de su empresa. Lo que hay que hacer es contarlo. Incluso a los clientes actuales hay que recordarles lo que somos y lo que queremos ser, transmitirles que siguen estando en las mejores manos.

¿En qué momento transmitimos esto? En cualquier momento de la entrevista de venta, pero sobre todo al final, cuando el cliente duda, cuando plantea objeciones. Las objeciones se plantean cuando hay una necesidad de compra no satisfecha, pero se tienen dudas por parte del cliente sobre qué proveedor es el mejor. Ahí las dudas sobre el producto o servicio, si se han seleccionado buenos proveedores, no son muchas. Las dudas en el momento final de la decisión vienen más por saber si se está ante la empresa/proveedor adecuado, y ahí es cuando el comercial interviene de manera sutil, y acudiendo a la anécdota como recurso puede dar énfasis a los atributos diferenciadores de la empresa a la que representa.

### FRICTIONLESS

Tiene que percibir el cliente que somos una marca *frictionless*, es decir, que puede acceder a nosotros con facilidad, que la respuesta va a ser siempre rápida e inmediata, aunque esta no la dé el comercial —no tiene por qué— y sí el escuadrón de apoyo o incluso la IA —si es que hemos hecho un proceso de atención y servicio al cliente como Dios manda—. Que nos adelantamos incluso a sus necesidades proponiéndole mejoras en el servicio o en los productos —hablaremos de ello en la *A* de auxilio—. Que somos una empresa que nos hemos empeñado en conocer bien a nuestro cliente y eso es posible porque le escuchamos bien y porque nos mostramos cercanos no solo por parte del vendedor, sino porque toda la empresa —gracias al esfuerzo de crear un proceso de atención al cliente, a la cultura CRM— responde al cliente, se muestra cercana a él y lo mima, además de ser cálida… es una marcalor.

### DWIGHT SCHRUTE DE *THE OFFICE*, LO PRIMERO LA MARCA

El método PELMA puede fracasar si la empresa en general y el comercial en particular no saben equilibrar la intensidad con la que hay que hablar de la marca.

Si se habla demasiado de la marca de la empresa, el vendedor pierde terreno en cuanto al poder de su marca personal, se deshumaniza la relación, y al revés ocurre justo lo contrario. Decíamos que hay comerciales que no hablan mucho de la empresa a la que representan, por desapego, porque se han desraizado voluntaria o involuntariamente del proyecto por múltiples causas; las más de las veces se debe a que se han pegado media vida trabajando para los mismos sin moverse, sin cambiar las cuatro paredes. Siempre en la misma empresa.

En la fantástica serie norteamericana *The Office* —de la que ya hemos hablado—, que cuenta las vicisitudes en tono de humor de una sucursal de una empresa especializada en la distribución de papel llamada Dunder Mifflin, los principales personajes, Michael Scott como director de la sucursal y sobre todo su segundo Dwight Schrute —presume de ser el subdirector, pero es un comercial más—, tienen lo que podríamos definir como *marcafilia*. En uno de los capítulos Dwight es despedido de Dunder Mifflin en un arrebato de Michael y encuentra trabajo en un almacén de venta de electrodomésticos Cuando le preguntan sus nuevos compañeros de dónde viene, dice que de Dunder Mifflin —como si fuera lo más conocido del mundo, cuando la sede local de la empresa es un pequeño almacén de no más de 500 metros cuadrados por cada una de sus dos plantas en un perdido polígono industrial de una pequeña ciudad— sin dar más explicaciones, y cuando sus nuevos compañeros le preguntas qué empresa es esa, Dwight no solo se sorprende por la pregunta, llega incluso a enojarse, ¡cómo que no conocen Dunder Mifflin! Tiene tan metida en vena la marca de la empresa, está tan institucionalizado en Dunder Mifflin que no entiende la vida fuera de allí[19] a pesar de que le acaban de despedir.

Me pasa algo parecido cuando recibo currículums en procesos de selección. Los candidatos me hablan de las empresas donde trabajan, o han trabajado, dando por sentado que uno las conoce como si fueran la Coca-Cola. Algunas de ellas son multinacionales con muchos empleados, pero si se dedican a la fabricación de alumbrado público —no me lo invento, me estoy acordando de un cliente mío— es probable que, si no conozco el sector, la reconozca. Es muy curioso cómo personas que fueron despedidas de sus empresas hablan de ellas, de la marca, incluso con emoción. He visto a comerciales en esos mismos procesos que han llorado delante de mí porque «su» empresa de toda la vida cerró o incluso no cerró, pero le echaron. La amaban de verdad, le habían dedicado muchos años de su vida, seguramente demasiados. Es tan completa la aleación conseguida en algunos casos entre la marca personal y la marca de la empresa que, incluso roto el vínculo, es imposible acabar de separar del todo ambos «metales».

No soy muy partidario de la *marcafilia* por su consecuencia: fagocita la marca personal del comercial. Pero lógicamente tampoco lo soy de la *marcafobia* porque, como decíamos, anula la marca

---

19    Como el personaje de Brooks de la película *Cadena perpetua*, está institucionalizado.

de la empresa. Y es que no entiendo que un comercial no sienta la marca a la que está representando. Si no te gusta tu empresa, vete de ahí, la vida es demasiado corta para estar trabajando en algo que no te gusta. Ya sé que es difícil tomar este tipo de decisiones, pero hay que hacerlo. No puedes ser tan infeliz de estar dedicando años de tu vida en un proyecto que no es el tuyo y que no solo no lo disfrutas, sino que te hace sufrir. Es muy difícil argumentar un producto si no crees en tu marca (aunque puedas creer en el producto). No podemos permitirnos el lujo de tener comerciales en la calle que no crean en la empresa porque, si es así, va a ser imposible que transmitan las bondades de la *M* de nuestro método PELMA.

De todas formas, si estamos en este último supuesto, hay que preguntarse qué ha pasado. Es casi seguro que la culpa no sea del comercial.

## *MARCALORES* GENERALES Y ESPECÍFICOS O ESPECIALES

La pregunta sería ¿cuándo hablo del marcalor? En principio en cualquier momento, pero puestos a elegir, a mi modo de ver:

- *Los marcalores generales.* Al inicio de la entrevista de ventas, en el inicio de esta se habla de generalidades, de cómo van las cosas, y ahí es un gran momento para meter marcalores poco concretos: el liderazgo de la empresa, el mercado que abarca, el posicionamiento…
- *Los marcalores específicos o especiales.* En el momento final, cuando surgen los peros del cliente respecto a comprar o no, una vez se haya expuesto ya el profruto y en general el resto de los argumentos que configuran el método. Es decir, en el momento de las objeciones. Ahí vienen esos argumentos que son más concretos, que aumenta el valor, como puede ser un sello de calidad, una innovación determinada, un premio recibido…

La idea es no gastar todos los marcalores en el inicio y guardarse buenos argumentos respecto a la marca para el final, que te sirvan para reforzar el profruto o el auxilio y complemente el liderator o al escuadrón de apoyo.

Despedimos el capítulo con una frase de Michael Scott (Steve Carrell), el surrealista jefe de Dunder Mifflin en la serie *The Office*. Te sacará una sonrisa:

«Primero haz amigos, luego haz ventas, tercero haz el amor. Sin ningún orden en particular».

---

### EJERCICIO

Anota brevemente aquellos aspectos de tu empresa que supongan realmente una ventaja competitiva, es decir, diferenciadores para el cliente. Auténticos marcalores.

Para ello nos apoyamos en las 6 P:

| | |
|---|---|
| En cuanto a las promociones | |
| En cuanto a la distribución | |
| En cuanto a los procesos de servicio al cliente | |
| En cuanto al personal que da servicio al cliente | |
| En cuanto a los precios | |
| En cuanto a los productos | |

# 10

## La *A* de AUXILIO, más allá del servicio

## 10. LA *A* DE AUXILIO: MÁS ALLÁ DEL SERVICIO

UNA COSA ES SERVIR Y OTRA AUXILIAR

Auxilio, del latín *auxilium*, significa —según la Real Academia Española— ayuda, socorro, amparo, y luego señala una segunda acepción respecto a la ayuda que se prestan entre sí determinadas autoridades y organismos (auxilio administrativo, por ejemplo). Nada más nos dice el diccionario sobre la palabra. En cambio, respecto a la palabra *servicio* la misma fuente empieza igualmente por el origen etimológico de la palabra: del latín *servitium*, y añade, esclavitud, servidumbre. Y luego tiene hasta diecinueve acepciones distintas, que van desde un retrete, pasando por un juego de cubiertos hasta un saque en el tenis. No nos extrañemos si a veces nuestros clientes se pierden cuando les decimos que tenemos «un buen servicio». ¿Cómo el de Alcaraz?... Nos tenemos que ir a la acepción número 16 del diccionario para ver lo que buscamos relativo a la empresa: «Organización y personal dedicados a cuidar intereses o satisfacer necesidades del público o de alguna entidad pública o privada».

Entiendo que son tiempos más de auxiliar, de ayudar, de amparar. Entiendo el auxilio como una superación del servicio, es decir, ya no es suficiente con cuidar intereses o satisfacer necesidades tenemos que dar un paso más, tenemos que ir a ayudar a nuestros clientes, a socorrerlos incluso en un momento realmente complejo, o también anticipándonos al momento de su necesidad. A ampararlos, bonita palabra de poco uso actualmente que me parece preciosa.

Cuento una anécdota personal acaecida en la segunda quincena del mes de marzo de 2020. Y ruego ya al lector que perdone mi inmodestia porque pensará, con razón, que me ha dado un arrebato de vanidad. Estaba yo un poco depresivo con la cuarentena impuesta por parte del Gobierno a consecuencia de la COVID-19, dándole vueltas a cómo reinventarme para seguir dando un buen auxilio a mis clientes. Recuerdo que llamé a dos proveedores míos de formación, dos asociaciones empresariales con las que colaboro desde hace muchos años para brindarles la oportunidad de hacer cursos *online* mientras estábamos todos confinados. Lo cierto es que ninguna de las dos asociaciones tenía experiencia previa en utilizar esta herramienta formativa, ni yo. En un ejercicio de empatía pensé que si yo estaba preocupado por el presente, pero sobre todo por el futuro, los directivos de las empresas a las que iba dirigido el curso de formación también lo estarían. Y así era, efectivamente, la mayoría estaba en procesos de ERTE, es decir, en lo que a mí me afecta, con sus equipos comerciales parados. Les dije a ambas asociaciones que era el momento de arrimar el hombro todos e hice un planteamiento presupuestario de mis cursos a un precio francamente bajo. Los cursos salieron con muchos alumnos, y luego en el presupuesto había contemplado unas consultorías individuales *online* que tuvieron mucho éxito. De hecho, llegué a trabajar en la cuarentena más horas que las que hubiera trabajado en tiempos normales. El resultado económico para mí fue prácticamente tan bueno como en tiempos normales, aunque es verdad que trabajé mucho más; pero la satisfacción fue enorme al comprobar el agradecimiento de las empresas que participaron en las formaciones y consultorías *online*. Y también la de mis dos proveedores, que sabían que iba a trabajar por debajo de mi tarifa habitual. Entendí que era la hora de ayudar, de auxiliar a las empresas que, como yo, lo estaban pasando mal, sobre todo por las grandes incertidumbres que había en aquellos inéditos y confusos días.

Ese espíritu de auxilio, de ayuda, de socorro y de amparo es el que debe presidir nuestro día a día con nuestros clientes. No quiero decir con ello que bajemos nuestros precios, no; de hecho, después de la cuarentena volví a mi tarifa habitual, pero sí tenemos que demostrar, más que nunca en los momentos difíciles, que si estamos a las duras, también estamos a las maduras.

## VENDEDORES QUE TRABAJAN EN *EL MINISTERIO DEL TIEMPO*

La superación de las expectativas tiene que ver mucho con el concepto de auxilio. El auxilio no se espera, aparece. A mí me ha tocado un par de veces —y afortunadamente en siniestros leves— auxiliar a personas en accidentes de tráfico. En esos momentos de confusión, de *shock*, el herido agradece una mano amiga, aunque sea la de un desconocido.

Y es que tenemos que aparecer en el momento justo en que sepamos que el cliente precisa ser auxiliado. Si se fija el lector, he dicho *sepamos*, no *intuyamos*. Gracias a las herramientas digitales y al análisis de la evolución del cliente —su *lifetime value*—, podemos anticiparnos. Acudiremos en su ayuda, incluso antes de que él sepa que deber ser auxiliado.

Hay una serie española de gran reconocimiento llamada *El Ministerio del Tiempo*. Es una serie un poco desigual, con capítulos memorables mezclados con otros que no lo son tanto, pero la idea original de los autores, los hermanos Olivares, es muy atractiva. El Ministerio del Tiempo vela para que el pasado no pueda ser manipulado por personas que conocen las puertas de viaje en el tiempo y no puedan manipular la historia. Es decir, los funcionarios del ministerio están formados para presentarse en un tiempo determinado de nuestro pasado y así evitar que alguien pueda cambiar la historia.

Los vendedores tienen que trabajar con sus clientes de igual forma para que las cosas ocurran según lo prometido. Los tiempos del comercial vendeburras han terminado, y los comerciales tienen que saber, por un lado, que su labor no está completada hasta tener la absoluta seguridad de que lo que han vendido ha dado sus frutos (como decíamos en el capítulo dedicado al profruto) y, por otro lado —y aquí está el aporte de valor de la *A* de auxilio de nuestro método—, que conozca de tal manera al cliente que le permita determinar qué necesita en cada momento.

Alguno puede pensar que no estoy inventando nada, y tiene razón. El problema no es aquí lo inventado, sino la aplicación de lo inventado. Mi tía tiene ya una edad y hace poco se compró un coche nuevo. No lo usa mucho, pero una vez a la semana, por razones que no vienen al caso, hace un recorrido de unos cien kilómetros ida y otros tantos de vuelta. Le di un cursillo de cómo utilizar el control de crucero, que le venía de serie en el vehículo —como todos los coches ahora—, bueno, pues no hubo manera. Tengo por mi profesión cierta paciencia pedagógica que mi tía consiguió agotar. Fracasé en el empeño, no quiere utilizarlo y punto. Me recuerda mucho a algunos comerciales que se niegan a cambiar sus métodos, por ejemplo, a la hora de utilizar y usar un CRM. Algunos diréis que son los más veteranos y así es en la mayor parte de los casos, pero no son los únicos.

Los sistemas llamados SFA de automatización de ventas (un CRM más avanzado) son una herramienta extraordinaria para optimizar la labor comercial con clientes y prospectos. Pero si nuestros comerciales no quieren utilizarlos no hay nada que hacer porque lógicamente al sistema hay que alimentarlo y, a pesar de los avances en inteligencia artificial, estos no están implantados en la inmensa mayoría de las empresas y los motivos son, y en este orden, por la falta de mentalidad y por su coste.

Hay una frase de un capítulo de *El Ministerio del Tiempo* atribuida a Pablo Picasso que da que pensar: «En la vida no importa el método, sino la victoria». El método ayuda, pero lo importante y lo crítico «está claro» que es vender.

## PENNY ACUDE AL AUXILIO DE SUS COMPAÑEROS EN *THE BIG BANG THEORY*

*The Big Bang Theory* es una comedia de situación —*sitcom*— de mucho éxito. Cuenta las vivencias de un grupo de jóvenes, brillantes investigadores, doctores en ingeniería de todo tipo y profesores de universidad cuyas vidas transcurren a caballo entre la ciencia, los videojuegos y los cómics de superhéroes. Más allá de eso no hay nada. El punto discordante del grupo lo pone la vecina del apartamento de los protagonistas, Penny. Una aspirante a actriz que, como no encuentra su camino, tras mucho tiempo trabajando como camarera, se decide a iniciarse en el mundo comercial como visitadora médica.

Ya se sabe, el que vale, vale, y si no, camarero o comercial. No estoy para nada de acuerdo con la frase, pero seguro, querido vendedor, que la has oído más de una vez.

Penny no tiene una formación cualificada, pero es la que pone el punto de cordura en el grupo de científicos —Sheldon, Leonard, Howard, Rajesh—, ya que, pese a ser de la misma edad, tiene, además de sentido común, un punto de madurez muy superior a sus infantiles y sin embargo sabios amigos.

Penny es además el único personaje cuyo apellido no se nombra nunca en la serie[20]. Los vendedores también somos un poco Penny, gente sin nombre muchas veces para nuestros clientes que a veces nos tratan con desprecio o con desdén: «Estoy harto de recibir a comerciales», «otro comercial», «los comerciales son muy pesados»… Son bravuconadas porque en el fondo nos aprecian más de lo que pensamos, en el fondo les solucionamos problemas. Y lo hacen porque acudimos a su auxilio como hace Penny con sus inteligentísimos vecinos que saben tanto de ciencia como poco de la vida. Y cuando lo hacemos, en muchas ocasiones es sin nada a cambio, solo queremos conseguir mantener su fidelidad. Cuántas veces un comercial se ha enfadado porque ha perdido un cliente «con todo lo que he hecho por él». Y es que la línea que divide el auxilio del servilismo es muy delgada. ¿Cómo no cruzarla? Con un conocimiento profundo del cliente —como decíamos anteriormente cuando hablábamos de los CRM— que nos permita adelantarnos a lo que precisa. Tenerlo todo digitalizado, automa-

---

20    Ocurre todo lo contrario con los apellidos de sus compañeros de fatigas, que son además harto complejos de pronunciar: Hofstadter, Wolowitz, Koothrappali y Rostenkowski.

tizado, medido y bien planificado. Y sobre todo con la mentalidad de que un cliente es un cliente, no un amigo.

## Como el Profesor de *La casa de papel*

Es seguro afirmar que la serie española más exitosa de todos los tiempos es *La casa de papel*, creada por mi paisano Álex Pina. Una serie trepidante, con mucha acción, con personajes bien construidos que son llevados hasta el extremo de sus capacidades.

El personaje más icónico, el líder de la banda de atracadores del Banco de España o de la Fábrica de Moneda y Timbre, es el Profesor. Él es el líder del equipo, un hombre que lo tiene todo controlado. Ha diseñado a la perfección el plan A, pero si no funciona, el plan B tampoco es malo, y si no queda más remedio, aplicará el C o el D, o el E, o el F… Es inteligente en extremo, está todo tan medido que nada puede salir mal salvo que las emociones traicionen a su equipo o a él personalmente. El Profesor es el líder, sí, pero también el auxiliador del equipo: «Hay que sacar a Nairobi de ahí», «Denver debe controlarse», «Río no resistirá, hay que ayudarle»… Es una ayuda interesada, lo sé, porque de esos auxilios depende el éxito e incluso la supervivencia del grupo.

El control que tiene sobre la situación lo da no solo el conocimiento sobre las tareas y las herramientas que tiene que utilizar —en el caso de un vendedor sus habilidades comerciales, su porfolio, su CRM…—, sobre todo se lo da el tiempo y los recursos que dedica al conocimiento de la acción que llevar a cabo: el atraco —en el caso de un comercial, su cliente, su competencia, su mercado, su propia empresa…, en definitiva, su entorno—. Y luego, claro está, para alcanzar el éxito, rodearse de un equipo altamente especializado.

Y añadir a la ecuación ese punto de atrevimiento, ese paso adelante, esa locura calculada. Sin miedo. Dice el Profesor en un momento de la serie: «Soy un hombre con suerte, nunca olvides esto».

*URGENCIAS / HOSPITAL CENTRAL / ANATOMÍA DE GREY /*
*DOCTOR HOUSE / THE GOOD DOCTOR / MÉDICO DE FAMILIA /*
*DOCTOR EN ALASKA*

No puedo con las series de médicos, soy un aprensivo sin remedio. Pero reconozco —por lo poco que he visto y sobre todo por lo
que me cuentan— que tienen muchos fans.

El contexto de todas ellas suele ser parecido: pequeñas tramas
que se finiquitan en cada capítulo con una trama general que dura
una o varias temporadas. Y la cosa funciona porque el cóctel es
perfecto: emociones a flor de piel entre la vida y la muerte con
relaciones complejas que mezclan lo sentimental y lo profesional.

Los vendedores somos un poco también enfermeros o médicos de nuestros clientes y a veces, como ellos, tenemos que actuar
de urgencia para socorrerlos. Los protocolos son parecidos a los
cirujanos: diagnóstico e intervención, para después comprobar
cómo ha ido el posoperatorio y no dar el alta hasta que no estemos seguros de que nuestro paciente no va a recaer. Los males de
nuestros clientes suelen ser como los males de los pacientes: más
o menos se repiten. Es verdad que cada cliente es distinto, como
cada cuerpo lo es, pero los tumores son muy similares y las intervenciones para darles solución parecidas.

Y a veces nuestras intervenciones son de urgencia, por lo que
debemos tener nuestra ambulancia medicalizada lo más preparada posible. Debemos tener siempre de todo en nuestro vehículo
por si acaso. He viajado ya en bastantes coches de vendedores en
entrenamientos como para asegurar que los maleteros están lle-
nos de porsiacasos. Vehículos atestados de catálogos, de muestras,
de regalos para distribuidores…

El comercial debe tener de todo para intervenir rápidamente,
pero lo más importante es dar la solución al cliente con prontitud
y si no, si no puede ser, demostrar en todo momento que si no se
ha podido auxiliar, no es por falta de interés.

El pasado verano mi madre tuvo una inundación en el sótano de su vivienda, y en principio  no llamé a Fernando, su agente de seguros y buen amigo mío. Ocurrió un sábado al mediodía y contacté con la central de la aseguradora directamente para no molestar a Fernando en su fin de semana. No pudieron darme una solución satisfactoria y llamé a mi amigo, que no me cogió el teléfono. Al final tuve que solucionar el problema por otro lado y de manera urgente, ya que mis padres estaban sacando cubos de agua. Fernando me llamó por la tarde realmente preocupado y pidiéndome mil disculpas, había tenido un problema de salud con su hijo y precisamente estaba en urgencias del hospital y no pudo atenderme. Le dije que el tema estaba resuelto y que estuviera tranquilo. No contento con eso al día siguiente me volvió a llamar, quería ir a casa de mi madre y ver en qué podía ayudar y ver también qué podía cubrir el seguro. Tenía cargo de conciencia por no haber auxiliado en el momento a su cliente después de hacerlo en otras ocasiones —afortunadamente no muchas— de manera brillante. Vocación de servicio.

Claro, que Fernando es un autónomo y es su *business*. La pena es encontrarme aún con algunos vendedores que no se creen que prestar servicio y auxiliar al cliente sea parte de su labor cuando está fuera de su horario laboral. Se equivocan. Coincide con que son gente que no creen en el marcalor. Un comercial sabe cuándo entra a trabajar, pero no cuando termina. Y si eso no ocurre en tu empresa, es probablemente porque el sistema de incentivos está mal parido o el sistema de recompensas no funciona al mismo al nivel que el sistema de presión.

Los médicos, enfermeros, auxiliares de enfermería, etc., trabajan con vocación de servicio. Todos podemos contar anécdotas de accidentes donde de repente aparece alguien que dice ¡soy médico! o ¡soy enfermera!, y los que estamos presentes en la desgraciada escena nos aliviamos. Es parte de su código ético, de su juramento profesional que en el caso de los médicos tienen su nombre: el juramento hipocrático; lo sé. Los agentes comerciales profesionales también tienen su código ético, pero la mayor parte de los comerciales trabajan por cuenta ajena y ni siquiera lo conocen. Debería ser una obligación estar inscrito en el Colegio de Agentes Comerciales, trabajes por cuenta ajena o no. Para ello tendríamos lógicamente que pasar un examen de colegiación y… bueno, no sé, la verdad, es probable que sea esto muy complejo de llevar a cabo y utópico en su ejecución, pero ayudaría a dignificar, y mucho, la profesión de vendedor.

Se trata de ser profesional.

Decía el doctor House: «Los ojos y la sonrisa pueden mentir, pero los zapatos siempre dicen la verdad».

## PILDORAZOS SABIOS QUE TENER EN CUENTA PARA LA APLICACIÓN DEL MÉTODO PELMA

- Es un método ya ensayado, hay que aplicarlo en cada encuentro con el cliente potencial o no.
- No es necesario aplicarlo en el orden del método. Son cinco argumentos de venta, da igual por cuál empieces, pero comenta siempre los cinco argumentos.
- Preparación: ten preparados y ensayados, de cada uno de los cinco argumentos, tres tips argumentales, para adaptarlos a un cliente nuevo, a un distribuidor, a un cliente final.
- Naturalidad: hay que ser actor o actriz para que lo ensayado salga natural. El método PELMA tiene dosis de creatividad ante el cliente, cada uno es distinto.
- Y, recuerda, estos son pildorazos sabios lo son porque cuando los ejecutes a lo largo del tiempo serás sabio aplicándolos, ni siquiera te darás cuenta de que los estás ensayando.

# El papel
# del jefe

# 11. EL PAPEL DEL JEFE

«Los jefes son como las nubes, cuando desaparecen
se alegra el día».

Groucho Marx

Sé que la denominación de jefe está en desuso y que se sustituye con eufemismos en el lenguaje formal, que no en el coloquial. La palabra en el diccionario de la RAE dice: «Superior o cabeza de una corporación, partido u oficio».

Este capítulo es el último para el desarrollo del método PELMA y sin embargo es quizás el más importante. Todo lo anteriormente escrito se resume en lo siguiente: es crítico que el jefe se preocupe de que el método PELMA se aplique, si no, todo lo visto hasta aquí no tiene sentido porque los comerciales necesitan no solo formarse en el método, también ejercitarlo en las visitas y, para eso, necesitan de alguien que los tutele y los monitorice. Alguien que les exija.

## ORM, EL JEFE DE *NORSEMEN*

Fue mi hijo el que descubrió esta entretenida y cómica serie noruega, que encierra un indisimulado homenaje a los Monty Python. Cuenta las aventuras de un poblado vikingo perdido en algún paraje de la Escandinavia del siglo VIII. Las vidas de los personajes son muy anodinas y tediosas, por lo que, para matar el rato, no se les ocurre otra cosa que de vez en cuando saquear a sus vecinos. Y lo plantean con toda la naturalidad del mundo: «Oye, ¿y si saqueamos y violamos a sus mujeres pasado mañana?». El lenguaje y los gestos de los personajes son actuales —como en *La vida de Brian*—, lo que hace que los diálogos sean deliberadamente anacrónicos y, en consecuencia, muy divertidos.

Mi personaje favorito es Orm, que llegó a ser el jefe de la aldea vikinga, un jefe sin ningún talento ni preparación para el cargo, un tipo pusilánime y cobarde. Es también un soñador, homosexual —creo que no estaba muy bien visto en la época y menos en un jefe vikingo—, casado con Froya, que es, a su vez, una gran guerrera, tan atractiva como valiente. ¿Cómo llegó a ser jefe de la aldea? Veamos ese cómo: Orm recibe a Olav, su hermano, que vuelve de sus conquistas. Froya, por su parte, se enamora de Arvid, el mejor guerrero de la aldea, por lo que Orm conspira para matar a su hermano Olav y hacerse con el mando de la aldea y así demostrar a su mujer que él es el jefe y que está por encima de Arvid. Tras conseguirlo, todo el mundo venera a Orm —en realidad fingen hacerlo—, al fin y al cabo, así lo han querido los dioses, a pesar de que todos saben que Orm no vale para el puesto.

He conocido a unos cuantos Orms en la dirección comercial en empresas pequeñas y medianas, personas que no se imponen a su equipo y que prefieren mirar para otro lado cuando hay problemas. La mayoría son empresas familiares de segunda generación y, sobre todo, de tercera; los de la segunda generación son más bien Olavs, que piensan más en temas de producción que en dirigir a un equipo comercial, que es normalmente heredado, y que tiene a su cargo a profesionales que ya trabajaron con el ascendente familiar y que ven al nuevo inquilino de gerencia como el hijo del jefe que tendrá mucho que aprender. Alguno pensará que a los Orms no les importa en realidad la empresa, y es verdad, tienen razón, no les importa nada en muchas ocasiones. Ven la empresa como algo que les ha tocado asumir, y si se mueven por cambiar algo, es porque su pareja sentimental empuja para conseguir, si no ganar algo, al menos que su cuñado no gane.

Un equipo comercial mandado —que no dirigido ni liderado— por Orm sería un equipo que haría lo que le diera la gana, no se involucraría en lo comercial y no aplicaría el método PELMA porque Orm simplemente no tiene método. «Me aburro, ¿y si nos vamos a saquear y a violar?...». Actúa por impulsos, propone saquear, pero es tan cobarde que no se mete en la acción, aunque luego trate de apuntarse la victoria.

He conocido a bastantes Orms, gente que toma decisiones comerciales sí, pero sin obedecer a ningún plan ni a ninguna estrategia.

Orm y el método PELMA:

- *PROFRUTO.* No sabe de su producto, eso sí, sabe que es muy importante, pero para él «trabajar» en los saqueos no es una prioridad, es un entretenimiento. No evoluciona tampoco, es muy conservador, no le interesa saber cómo mejorar la táctica a la hora de saquear.
- *ESCUADRÓN DE APOYO.* Utiliza a su escuadrón, claro que sí, de hecho, se escuda en él para no aparecer en los momentos de conflicto. En cambio, a la hora de los éxitos los asume como propios.
- *LIDERAZGO PERSONAL.* Le preocupa, claro que sí; envidia a Arvid, que es el que tiene un liderazgo natural. Él presume de amar las artes, la poesía o la música, pero son valores poco apreciados por los vikingos.
- *MARCALOR.* Está orgulloso de su pueblo, pero no le interesa el posicionamiento de la marca de este ante sus enemigos. Ni evoluciona ni hace evolucionar a su pueblo.
- *AUXILIO.* Nadie se preocupa por nadie en *Norsemen*, los afectos no existen y si alguno los muestra, son fingidos. Ni siquiera en los momentos de muerte o en las mutilaciones aparece la ternura, las desgracias se presentan con tal naturalidad que produce incluso hilaridad, como las lapidaciones o las crucifixiones en *La vida de Brian.*

### El señor Burns, dueño de la central nuclear de Springfield

«Simpson, quiero que sepa que el resto de mi vida lo dedicaré a conseguir que sus sueños no se hagan realidad».

Hay directores comerciales que no valoran al equipo de vendedores, piensan que tienen lo que tienen y que no queda más remedio que aguantarlos, que los comerciales son lo peor, empezando por los suyos propios. Normalmente coincide con directivos que piensan que hacer movimientos en la red comercial es muy peligroso de cara al cliente. Y eso es en parte porque el único vínculo existente con el cliente desde la empresa es a través del vendedor. Un error de bulto. Es mucho mejor tener un gran comercial durante cuatro años —más tiempo no lo tendría con la misma responsabilidad o en el mismo mercado— que un comercial normalito tirando a malo durante cuarenta años.

No es que al señor Burns le interesen los comerciales, de hecho, olvida los nombres de sus empleados, como ocurre infinidad de veces con Hommer Simpson.

El señor Burns y el método PELMA:

- *PROFRUTO.* Dirige una central nuclear y le interesa su producto en tanto en cuanto le dé dinero, ni más ni menos.
- *ESCUADRÓN DE APOYO.* No podría vivir sin su fiel escudero Smithers, después de eso, no hay nada. Es un estilo de dirección autocrático, el típico jefe de ordeno y mando, no cultiva relaciones con la gente de la empresa, tampoco fuera de ella.
- *LIDERAZGO PERSONAL.* Ni lo tiene ni le importa, tan solo le preocupa tener el poder y ganar dinero.
- *MARCALOR.* No se considera el valor de la marca en la empresa del señor Burns, tiene el monopolio de la energía en su territorio y no lo necesita. De hecho, la empresa se llama

Springfield Nuclear Power Plant, que evidentemente de marca con gancho comercial tiene poco.
- *AUXILIO.* El concepto de auxilio y Monty Burns son incompatibles desde el nacimiento del personaje.

## MICHAEL SCOTT, EL JEFE DE *THE OFFICE*

Ya hemos hablado de *The Office* en este libro[21], la afamada *sitcom* de la NBC —inspirada a su vez en otra británica del mismo título— que tuvo un gran éxito durante las nueve temporadas —de 2005 a 2012— que duró la serie.

El personaje central de las primeras siete temporadas es Michael Scott, interpretado por el desigual Steve Carrell —quien es a su vez productor de la serie—. Michael es el director de la oficina de Dunder Mifflin y es un soñador que adora, más que su labor directiva —no se le ve trabajando prácticamente nunca—, su lugar de trabajo y la gente de su equipo: «Una oficina debe ser el lugar donde los sueños se hacen realidad». Le extraña que su equipo no comparta su entusiasmo por estar en la oficina y estar sobre todo con él. Si no lo hacen, es entre otras cosas porque no ven precisamente a Michael Scott como un referente, como un líder a quien seguir. De lo poco que se le ve haciendo bien a Michael es vendiendo, lo que tiene mérito siendo una persona con tan poca empatía, machista, homófobo, racista... Lo odias y a la vez lo amas porque no es consciente de lo insoportable que puede llegar a ser.

Michael Scott en el método PELMA:

- *PROFRUTO.* No le importa mucho lo que se vende en su empresa, en muy pocos capítulos se habla de negocio, lo que es para él crítico es tener una buena armonía interna, los clien-

---

21 Serie de humor de la que se pueden sacar algunas enseñanzas de ventas, más sobre lo que no se debe hacer que sobre lo que se tiene que hacer.

tes son mero entretenimiento. Las ventas en Dunder Mifflin siempre van bien, aunque nadie sabe por qué. Si el producto les sirve o no a los clientes, a Michael no le importa demasiado. Tras nueve temporadas con más de 25 capítulos cada una es más fácil ver, por ejemplo, a la competencia que a los propios clientes.

- *ESCUADRÓN DE APOYO.* Lo más importante para Michael es su equipo, no le importa demasiado si rinden —él tampoco lo hace—, pero sí le importa si son felices en lo que hacen. Considera al equipo como a su familia, para ello les reúne un sinfín de veces, más para halagarlos y aplaudirlos que para motivarlos en el sentido estricto de la palabra: definir objetivos y ofrecer herramientas para conseguirlos. Además, su falta de delicadeza le penaliza en cada escena. Improvisa siempre, no sabe qué va a hacer ni qué decir cada día a su equipo: «A veces, comienzo a decir algo sin saber a dónde quiero llegar, y simplemente espero a que se me ocurra algo mientras estoy hablando».
- *LIDERATOR.* Tiene una auténtica obsesión en eso, no lo consigue con su equipo, desde luego —le odian, como decíamos, a la vez que lo aman—, pero curiosamente sí lo consigue con sus clientes (espóiler[22]). Es cautivador, tenaz, intuitivo, vendedor a la antigua usanza, apasionado y motivado para el éxito personal. El cliente percibe que ama su trabajo, que ama a su empresa.
- *MARCALOR.* Si algo queda claro en Michael, es la pasión que siente por Dunder Mifflin, toda su vida gira en torno a su empresa y desde luego, en este sentido, es un gran defensor de la marca.

---

22  En un capítulo en concreto, tras salir de Dunder Mifflin por una cuestión de liderazgo, decide montar una nueva empresa que compite en el mismo sector y mercado llamada The Michael Scott Paper Company, se ubica en el mismo edificio que Dunder Mifflin y consigue llevarse a la mayoría de clientes de esta.

- *AUXILIO*. No se le ve a Michael auxiliar a ninguno de sus clientes, de hecho, no creo que le importen demasiado. Ni siquiera auxilia a la gente de su equipo que por momentos lo pasa mal. Es insensible a los estados de ánimo de los demás y piensa que todos sus problemas o carecen de importancia o se resolverán por sí mismos.

## POR ORDEN DE LOS PEAKY BLINDERS

Es una de mis series favoritas, y Thomas Shelby, el líder de la banda de los Peaky Blinders, uno de mis personajes preferidos, interpretado por un gran actor como es el irlandés Cillian Murphy, uno de esos actores que tienen el don de transmitir emociones sin necesidad de abrir la boca.

Los Peaky Blinders son una banda de Birmingham que existió en la realidad en los años veinte del siglo pasado. Liderada por una familia, los Shelby, se dedicaban inicialmente al mundo de las apuestas ilegales y de ahí pasan al negocio de las armas, la droga… Thomas Shelby es su líder natural, un hombre que nada tiene que perder, se siente un muerto en vida tras haber pasado mil y un sufrimientos durante su intervención como soldado en la Primera Guerra Mundial. En un momento en la serie dice: «… ella está en el pasado. El pasado no es mi problema. Y el futuro tampoco es una de mis preocupaciones». Le admiran por su determinación, por su templanza, porque tras beber tanto *whisky* como los demás mantiene la cordura cuando el resto está borracho, por su capacidad de negociación y por afrontar cada día sabiendo que puede ser el último de su gris existencia. Se focaliza en el trabajo, en la tarea, evidentemente es impensable un Tommy de vacaciones, hasta en las escenas de más ternura y felicidad está pensando en su trabajo. El capítulo de su boda con Grace es un buen ejemplo de ello.

Thomas Shelby es un líder natural, se gana la autoridad en el día a día, de hecho, su hermano mayor, el despiadado y temperamental Arthur —un personaje igualmente enorme—, acepta su liderazgo sin reservas. Y no solo él, la tía Polly, la matriarca de la familia, avala el mando de Tommy, admiradora de la inteligencia de su sobrino.

Thomas Shelby y el método PELMA:

- *PROFRUTO.* Muy focalizado en ello, su trabajo es prioritario y qué hacer con su producto es la mayor de sus obsesiones para tener beneficio para su familia, sí, pero sobre todo para tener el liderazgo dentro de las bandas rivales. Si para eso es necesario chantajear a la policía o a la clase política, se hace.
- *ESCUADRÓN DE APOYO.* Un ejemplo que seguir. Protege a su familia y al resto de la banda, todos siguen con reverencia a Tommy, le temen a la vez que le adoran porque ven en él un hombre leal, protector y con una inteligencia para los negocios fuera de lo normal. Él, eso sí, se considera por encima del equipo, no es uno más, es el jefe. Hay una frase icónica en la serie, «por orden de los putos Peaky Blinders», que se repetirá una decena de veces en esta, pero es una frase que no recuerdo haberla oído nunca de labios de Thomas. Es decir, su equipo se siente parte de una banda, pero Tommy Shelby es el protector del equipo, necesita de su escuadrón de apoyo, es consciente de ello, pero no lo pone en valor, solo lo hace consigo mismo. No es un líder cooperador, es más bien un líder promotor, un timonel: esta es mi bandera el que quiera que me siga.
- *LIDERATOR.* Sin duda lo ejerce, sus amigos le adoran a la vez que le temen, y sus enemigos simplemente le temen. El sí que se pone en valor a sí mismo, de hecho, llega un momento en que anhela el poder real, el de la política. No le vale con ser alguien en Birmingham o en Londres, busca transcender y tiene como referencia a mafiosos como Al Capone. Le interesa mucho el culto a su persona. Lo hace de una manera muy sutil

—la herramienta clave de nuestro método PELMA—, hombre de pocas palabras, le reconocen por sus actos.

- *MARCALOR.* La marca de los Peaky Blinders le interesa a Thomas relativamente. Sí le gusta que sean reconocidos, pero a la vez teme que demasiada publicidad incremente la envidia de las bandas rivales y, sobre todo, llamar mucho la atención de la policía.

- *AUXILIO.* A los suyos, siempre. Como en todas las películas y series de mafiosos ambientadas en la primera parte del siglo xx, el líder tiende a auxiliar a su equipo en primer lugar y luego repartir beneficios con los suyos. En el caso de Thomas Shelby, con la gente de Birmingham, con los obreros y trabajadores de la siderurgia, auténtico motor económico de la región. Pero siempre sin perder los objetivos. El equipo le interesa siempre en un segundo plano, lo primero es el objetivo.

Podría seguir con innumerables jefes más, como Miranda Bailey de *Anatomía de Grey*, Tony Soprano de *Los Soprano*, o Don Pablo, el de *Cuéntame cómo pasó,* la serie española por excelencia que ha estado cuatro lustros emitiéndose.

Pero creo que la muestra es suficiente. Un equipo sin una dirección no es «un equipo pelma».

Decía Michael Scott en *The Office* en uno de sus muchos arrebatos de indisimulada vanidad: «¿Preferiría ser temido o amado? Fácil. Ambos. Quiero que la gente tenga miedo de cuánto me aman».

## LOS HOMBRES DE PACO

Conocidísima serie de televisión de principios de siglo que narra las aventuras y desventuras de un grupo de policías. Serie de enredos y de amores donde se mezcla la comedia y el drama, aunque predomina lo primero.

Uno de mis servicios es ayudar a los directivos y empresarios de pymes a darles una serie de criterios y pautas de organización de la red comercial. En ese empeño inventé lo que llamo el PACO, es decir, el plan de acción comercial operativo.

Vamos a ver lo que es el PACO y cómo se aplica. Lo primero que hago es juntarme con el director de ventas —a veces, es el gerente o el mismo propietario en las pymes y, más en concreto, en las *pys*—, que en no pocas ocasiones es una persona que técnicamente está muy bien preparada en cuanto a producto y también es buen conocedor de los clientes. A partir de ahí tiene una mentalidad muy operativa en cuanto a la gestión comercial. Estoy generalizando, lo sé, no todos son así, pero sí la mayoría, «el día a día me come».

Como sé que el día a día les come la solución es el PACO. Vamos a ver qué es:

- Un *PLAN*. «Creo que los rusos tienen un plan» decían en un diálogo en una película americana de espías de los ochenta, de cuyo título no puedo acordarme. Le contesta el protagonista con tono displicente: «Los rusos hacen planes hasta para ir al baño». Bueno, pues los responsables comerciales no tanto. Son poco estratégicos y además no les gusta serlo. Van a vender lo que se pueda y sin embargo hay que planificar la acción comercial. Yo, en mi quehacer de consultor con el responsable de las ventas y con su equipo, mínimo exijo una planificación trimestral al equipo comercial y a su responsable. Y debe ser una planificación que cada vendedor debe hacer. Me suelen decir/protestar «Miguel, es que hay imprevistos en la semana». Precisamente por eso, porque hay imprevistos, hay que planificarse, pero dejando esa holgura en el calendario previendo dichos imprevistos. Es decir, que si un vendedor podría hacer 7 visitas/día, que haga 5, pero esas 5 que las haga sin excusas. He dirigido a muchos vendedores para darme cuenta de que les cuesta organizarse y planificarse una barbaridad. Los que lo hacen tienen en cuenta su cartera de clientes, pero se acuerdan muy poco de la prospección. Y es que hay que reservar hueco a los nuevos clientes.

- De *ACCIÓN*. El plan no tiene que acabar en un ordenador en una carpeta de adorno. El plan es de acción y debe consultarse con frecuencia. No me voy a meter aquí, que es suficiente con tenerlo en el CRM con un sistema de alertas o por escrito en una hoja metida en la agenda o anotado en la misma agenda. Hay comerciales que son analógicos y otros —cada vez más— digitales. Hay que ser un vendedor PELMA (sin serlo) planificado y sobre todo inquieto y dinámico. Lo de menos es si uno se organiza con un bloc de hojas de cuadrícula o con un *smartphone* de última generación con más aplicaciones que el de mi cuñado —yo creo que está enfermo con ello—.

- *COMERCIAL*. Es un plan de acción comercial. Es decir, es para vender, y ahí deben estar marcadas las visitas comerciales. Soy poco amigo de las visitas de cortesía. Las visitas deben tener un sentido totalmente comercial, siempre se debe llevar una propuesta, una promoción, una oferta. Los clientes no quieren perder el tiempo, no les gusta, más bien al contrario, quieren aprovechar el tiempo, llenárselo de propuestas de valor. Nos dedicamos a la venta consultiva, el cliente no solo quiere que le vendas cosas, quiere que esas cosas le aporten solución a su problema y le ayuden a él a su vez —estoy pensando en ventas B2B— a vender con eficacia y eficiencia. Que le ayuden a mejorar su negocio.

- *OPERATIVO*. Un plan de acción comercial operativo. Es decir, no estratégico. No digo que, a nivel de empresa, de Dirección General o de Dirección Comercial no sea importante la estrategia. No, por supuesto que lo es. Digo que, a nivel de vendedores y responsables, jefes, coordinadores, etc., lo importante debe ser lo operativo, es decir, pensar a tres meses vista como mucho. Alguien que sabía mucho más que yo, consultor de empresas, me dijo en una ocasión: «Miguel, las pymes no quieren oír de estrategias, la estrategia la aprenden con la operativa». Me pareció un gran consejo.

### RECURSOS INHUMANOS: «MÁS VALEN 100 GRAMOS DE SELECCIÓN QUE UN KILO DE FORMACIÓN»

Oí esta frase hace muchos años en una conferencia a la que asistí en el Club de Marketing de Navarra pronunciada por un directivo del sector eléctrico ya jubilado. Recuerdo que dijo que había tenido unos mil trabajadores, y dijo con orgullo que a todos los había seleccionado él. Es decir, todos habían pasado por él en la decisión de admitirlos o no en la empresa.

Conozco también una cadena de tiendas especializada en suministros industriales de expansión nacional —más de ochenta tiendas— y que cuenta actualmente con más de 3.000 trabajadores, que su director general no ha participado en la selección directamente, pero que convoca a las nuevas incorporaciones a una formación inicial en la sede central, y el primer día que llegan a la empresa se encarga de recibirlos y se va a cenar con ellos.

Hay muchos ejemplos de empresas con este nivel de calidad y calidez demostrado en la acogida a un nuevo empleado. Y, por desgracia, muchos más ejemplos de lo contrario.

Centrándonos en los comerciales, añadiré que si con alguien hay que esforzarse especialmente en el proceso de selección, es precisamente con los vendedores, porque vamos a incorporar a un elemento que no va a estar en la empresa, que va a estar en la calle, lejano de la supervisión directa del jefe de ventas. Es un puesto, el de comercial, de una gran responsabilidad y, por tanto, de una gran confianza. Si aquel director general de mi conferencia —lamento haber olvidado su nombre—, hablaba de la selección en general, en el caso de la búsqueda y selección de los comerciales, la dedicación y profesionalidad debe ser aún más delicada.

Una reflexión que me he hecho a veces es sobre la bonificación de los cursos de formación. Hablamos de los fondos de FUNDAE a los que los Departamentos de Recursos Humanos aluden con frecuencia, antes se llamaban fondos de la Tripartita. Sea como sea el apellido, la empresa goza y disfruta de dichos fondos para hacer frente a la formación de los trabajadores. Yo me hago una pregunta: ¿Y si esos fondos dirigidos a la formación se emplearan, al menos parte de ellos, en la selección de personal? El debate es complejo porque es un dinero que sale de la aportación de los trabajadores a la empresa. Cómo va un trabajador a aportar dinero para contratar a nueva gente para la empresa. Y los sindicatos, ¿estarían de acuerdo?... Lo dejo para la reflexión y debate interno del lector. Eso sí, siguiendo esa máxima, que para mí es vital, de más valen 100 gramos de selección que 1 kilo de formación, no me parece mal que mínimo un 10 % del dinero destinado a FUNDAE fuera destinado a financiar procesos de selección.

Bueno, me he metido en el mundo de los RR. HH., pero me apetecía dar este punto de vista para las empresas que no se quieren gastar dinero en selección de personal. No sé si es más importante, pero en mi experiencia es vital contactar con una empresa especializada para la selección de un activo tan importante como lo es un comercial.

Y vamos ahora con la serie francesa *Recursos inhumanos*. La serie, que he de reconocer que no hace justicia al libro —de Pierre Lemaitre (2017), también guionista de la serie—, cuenta la vida de Alain Delambre —interpretado por mi admirado exfutbolista Éric Cantona—, un hombre desesperado, que con 57 años se ha quedado en el paro y que busca una oportunidad que se le presenta en un proceso para ser director de recursos humanos en forma de un juego de rol —recuerda algo a la película *The Game*— bastante poco ortodoxo.

Me quedo con Alain, el protagonista, con el que confieso que tengo cierta afinidad, al fin y al cabo, somos casi de la misma generación. ¿Un tipo con 57 años o más, puede ser comercial? La respuesta es que sí, de hecho, he seleccionado a gente con esa edad. Te cuento una anécdota: una vez en un proceso de selección seleccioné para hacer una entrevista a una mujer con amplia experiencia comercial; ponía en su currículum que tenía 50 años. Llegó a la entrevista y al momento me di cuenta lo mal llevados que tenía esos 50 años. Empezamos el diálogo y yo con la mosca de conocer su edad real, porque era evidente que no tenía la edad que decía en el currículum. Profundicé en sus estudios, en sus primeros trabajos, incluso profundicé en detalles a los que normalmente no presto mucha atención por no aportar mucho al puesto, pero quería conocer la verdad. En un momento determinado perdió un poco la compostura y se sinceró, no podía mantener las mentiras por mucho tiempo: «Bueno, Miguel, te cuento, no tengo 50 años, de hecho, hace un mes cumplí los 60 años. Quiero trabajar, estoy sana y fuerte. Te he mentido, lo sé y lo siento, lo he hecho porque estoy segura de que no me hubieras convocado a esta entrevista si te digo mi edad real. Y ahora haz lo que quieras, si me echas de tu despacho, que sepas que lo entiendo…», dijo mientras recorría por su mejilla una lágrima.

No la eché, le hice la entrevista completa. Es verdad que no la seleccioné porque encontré a mejores candidatos que ella, pero no fue por la edad. Lo profesional hubiera sido echarla por mentirosa, probablemente, pero no soy insensible y me pudo mi humanidad, mis principios cristianos y yo qué sé qué más. Igual no hice lo correcto, hice lo que me dictó mi conciencia.

Pero tampoco la descarté de manera inmediata porque el método PELMA lo podía emplear perfectamente con los clientes. Podía ser PELMA aplicando el profruto, con su experiencia quién mejor que ella para hablar de los beneficios que iba a producir a su cliente la solución o soluciones. Igualmente, quién mejor que ella para poner en valor a su escuadrón de apoyo, las personas veteranas son las más sensibles y accesibles cuando les dices que tienen que poner en valor a su equipo, porque además de verlos superpreparados, los ven como una posibilidad de ayudarlos en los marrones. Lo de la *L* de liderazgo personal, no creo que haya que mentar nada, es evidente. La *M* de marcalor, en este caso, con una persona veterana recién incorporada, está tan agradecida a la empresa que la pondrá en valor a la mínima oportunidad. Y qué decir del auxilio, por su experiencia y buen conocimiento estará pensando, además de en la comisión, en dar lo mejor de sí para ayudar a su cliente y sin pensar mucho en el largo plazo, el negocio se hace ahora.

De nuevo aparece el jefe como un gran protagonista con este tipo de vendedores. Es un error dejar a estos comerciales solos porque al fin y al cabo «ya saben». Al revés, es muy importante estar con ellos, arroparlos, son, tras los jóvenes, los que más apoyo necesitan, aunque parezca que no. Se necesita mucha inteligencia emocional para este tipo de comerciales veteranos, hay que saber cuándo y cómo ayudarlos. •

# PARTE III

# Relatos PELMAS (sin serlo)

# RELATO PELMA N.º 1

## RICARDO

Amaneció Ricardo esa mañana de mal humor, «lunes», se dijo mientras se dirigía con paso vacilante hacia el baño. Tenía un mal presentimiento de ese día, o quizás de esa semana, de ese mes, de ese año, de… quitó los negros nubarrones de su cabeza y se decidió a encontrar un momento positivo. No le salió cuando se encontró con el espray de la espuma de afeitar vacío. Llevaba cuatro o cinco días diciéndose así mismo que tenía que comprar uno nuevo. Su mujer, Amparo, siempre le decía que había que tener uno de repuesto, pero claro «su mujer, la puñetera perfección». Ricardo no era perfeccionista, «por eso soy comercial».

Ese día tocaba corbata no por las visitas sino porque ese día tenía un acto institucional de la empresa: se jubilaba el pesado del *controller*, «un auténtico hijo de…». Desde que Ricardo entró en la empresa hace dos años, la labor del hoy homenajeado había sido la de tocar «los mismísimos» a todos los comerciales. De hecho, se le ocurrió montar el evento de su despedida en lunes pudiendo hacerlo en viernes (lo habitual, así se hacía en las celebraciones de cumpleaños en la empresa), porque lo hizo así para «j..» a la gente, no vaya a ser que fuera una excusa para iniciar de manera festiva el fin de semana. La idea de Crisanto —así se llamaba el tío— era la de fastidiar a los comerciales una vez más. «Mi fiesta de despedida y después a currar, malditos».

Ricardo pensó que le iba a dar igual, que si a Juancar —otro comercial— no le parecía mal, después de los honores a Crisanto, se iban a ir de copas y así hacían la tarde. Bueno, o tal vez no, recordó que había quedado con Manolo Jiménez, el corredor de seguros, «ese gordo de la autoescuela, que con el objetivo de ganar más pasta se puso a vender seguros y montó una correduría allá por los ochenta, cuando no se exigían muchos requisitos legales para hacerlo».

Se montó en su viejo coche, un Audi A4 de segunda —o tercera— mano. No tenía coche de empresa, le pagaban el kilometraje, a Ricardo no le parecía mal. Mientras las ventas salieran y cumpliera sus objetivos, a nadie le parecía mal que pasara algún kilómetro de más. Ricardo se consideraba un buen comercial en un sector nada fácil como era el de seguros. Su labor era visitar a corredores de seguros de la provincia, quedar con ellos y dar la chapa para que en lugar de vender seguros de Mapfre o de Allianz, vendieran los suyos, los de La Protectora. Nada fácil porque la suya no era una marca tan conocida y las comisiones andaban en la línea de las demás. Y en cuanto a los productos y servicios, pues más o menos como las demás. ¿Cuál era el factor diferencial? A veces pensaba que lo único era el precio del seguro, o al menos eso le decían sus clientes, los corredores.

Llegó a su primera visita en una ciudad de tamaño medio a verse con Ramón, de la correduría Moreno. Ramón Moreno, fundador y dueño del garito era un tipo estirado, muy estirado. Tenía fama de ser en la localidad el único en llevar traje y corbata, aunque el termómetro superara los 40°. Vendía muy poco de La Protectora, pero le gustaba el contacto con Ricardo, siempre tan atento y respetuoso. Y a Ricardo le gustaba el contacto con Ramón porque había conseguido algo con el paso del tiempo, ganarse su respeto. Más aún, había conseguido eliminar el usted en el trato. «Bueno, Ricardo, si te parece podríamos eliminar el usted en nuestras conversaciones», dijo afable y condescendiente en un momento dado. Conversaron de todo, sobre todo de economía y de seguros, del mercado. Al día siguiente de la visita pidió un par de pólizas: una de un comercio y otra de un seguro de vida para el propietario del mismo comercio. El resto del mes Ramón se olvidaría de Ricardo, pero al mes siguiente, cuando Ricardo volviera a visitarle, seguro que caerían otro par de pólizas.

El jefe de Ricardo, Juancho, siempre le decía que tenía que visitar a Ramón cada semana para así conseguir más resultados, pero Ricardo sabía que el secreto era no ser pesado con ese cliente. Argumentaba ante su jefe que si fueran una compañía de más renombre, de las que le gustaban al estirado de Ramón, sería bueno, pero que siendo comerciales de La Protectora mejor mantenerse en un segundo plano.

Luego estuvo con José Antonio en la misma localidad. José Antonio era otro corredor de seguros. Este era un tipo que se creía el rey del mambo y que cada vez que se reunía con él se pasaba el día criticando a Ramón, al que llamaba despectivamente el Conde. «¿Ya has estado con el Conde, Ricardo?». Sabía que la respuesta era afirmativa, pero a José Antonio le daba igual y a Ricardo en el fondo también. «Vaya gilipollas», pensaba, y el corredor «vaya desgraciado este Ricardo». Bueno, cada uno tenemos nuestro papel, pensaba el comercial. Ricardo no aguantaba a José Antonio, no podía con su altanería, con su aire de perdonavidas, con el trato que daba en público a sus dos administrativos. Pero por otro lado era uno de sus principales corredores en la zona, hacía pólizas de La Protectora, vaya que si las hacía. El problema con él no era ese, era que tenía que estar pendiente de que no le metiera ningún marrón en forma de un riesgo malo para La Protectora.

Tras terminar con José Antonio, 90 kilómetros de vuelta para llegar a tiempo a la despedida de Crisanto y luego por la tarde a visitar a Manolo, el de la autoescuela.

Juancar ya había llegado a la oficina para el homenaje de Crisanto, también Juancho andaba por allí. Carmen, la mano derecha de Crisanto, que, como su jefe, odiaba a los comerciales porque pensaba que eran unos vagos, miró a Ricardo con cara de reproche por llegar un par de minutos tarde. «Más tarde vendrá el director general, pero a ese no le pondrá esa cara de amargada de la vida». Bueno. La cosa fue rápida y después se fue con su amigo Juancar a comer algo, escaqueándose ambos de la comida de la empresa con la excusa del trabajo. Tras la comida con Juancar se fue a ver a Manolo.

Manolo era lo contrario a Ramón, cuanto más pasaba a visitarle, más contento se veía. Allí estaba como siempre en su vetusta oficina con Loli, su inseparable mujer. Fumando como un carretero, le daban igual las prohibiciones en ese sentido. Sabía que tenía clientes que no les gustaba el olor a tabaco, pero le daba igual. Ricardo se sentó en la silla de confidente y se dispuso a escuchar. Manolo era de ese tipo de personas a las que les gusta hablar, y escuchaba poco o nada. «¡Que guapo estas hoy!», dijo con sarcasmo al ver que Ricardo iba tan trajeado, y se encendió un cigarrillo. Ricardo, después de escuchar durante un buen rato anécdotas de Manolo, se dispuso a abordar el trabajo. Le habló de las novedades de la nueva póliza de vida y de los beneficios fiscales que tenía para sus clientes —sabía que ese era el talón de Aquiles de Manolo— y le habló del excelente cuadro de comisiones y sobre todo de la nula atención en trámites administrativos y de siniestros que ofrecían ese tipo de seguros. Sabía que ese era el mejor argumento que podía brindar al dueño de la autoescuela, ni la fiscalidad, ni las comisiones. Sobre todo, que fuera una póliza fácil de vender, que no le diera trabajo.

## MORALEJAS PELMAS

→ Hay que participar de eventos organizados por la empresa y ser generosos y respetuosos con los compañeros. No olvides que son el escuadrón de apoyo; Ricardo tendría que haberse quedado a la comida de la empresa el día de la despedida de Crisanto.

→ Hay que adaptarse a cada cliente. Eso lo hacía bien Ricardo, no es lo mismo Ramón que José Antonio o que Manolo.

→ Siempre hay que hacer labor comercial, llevar una propuesta o proposición comercial. Aunque no nos la compren.

# RELATO PELMA N.º 2

## CARLOS

El mes se presentaba duro, durísimo. Carlos, como comercial de materiales para la construcción, no estaba cumpliendo los objetivos del último trimestre ni tampoco el objetivo anual. Tenía una espada de Damocles encima de su cabeza, aunque su jefe —Diego— y dueño de Suministros para la Construcción Santa Águeda le decía que estuviera tranquilo, lo cierto es que no acababa de estarlo. Hace justo dos años habían echado «al Pilas por llevar ya unos años seguidos sin cumplir el presupuesto de ventas». La zona del Pilas era más compleja que la suya, según Carlos tenía entendido. El Pilas trabajaba desde hacía 8 años en la empresa y aunque no llegaba a objetivos habitualmente —se excusaba diciendo que eran demasiado altos—, lo cierto es que estaba protegido por Pedro Mari, el padre de Diego. Cuando se jubiló, a Diego le faltó tiempo para poner en la calle al Pilas, se llevaban fatal. Le sustituyó Raquel, que se decía en aquel momento que tenía una relación sentimental con Diego. Era verdad, pero lo cierto es que Raquel cogió la zona del Pilas y le dio la vuelta, y pasó a facturar mucho más. Claro que influyó ante las constructoras el hecho de ser la pareja del dueño de la empresa, pero no es menos cierto que era una hormiguita y una trabajadora de primer nivel. Es más, la actitud, organización y planificación del trabajo de Raquel empujó al resto de comerciales a animarse a copiar su método y los resultados positivos en ventas no tardaron en llegar para satisfacción de Vicente —el jefe de Ventas— y sobre todo de Diego.

Pero volviendo a Carlos. Era diciembre, «mes tonto del año, demasiadas fiestas» —se dijo—. Era francamente difícil conseguir los objetivos, Vicente se enfadaría, se reuniría con Diego para ver qué hacer y luego decidir qué hacer con Carlos. Este se había decidido un par de meses antes a cambiar de planificación y junto con Vicente idearon, por un lado, cambiar las frecuencias de visitas con determinadas constructoras importantes, aunque de poca facturación con la empresa, y, por otro, visitar a clientes nuevos con mayor asiduidad. Igualmente crearon un porfolio con productos que daban más margen y así Vicente le dio más poder de negociación. Igualmente, el tipo de clientes que visitar también cambió, bajando un escalón: en vez de visitar al de compras, hacerlo con los jefes de obra en cada obra, que son los que están al pie del cañón y tienen capacidad para decidir compras recurrentes de no muy altos importes. Más volumen.

Carlos pensó que el tema iba bien, pero los resultados no se iban a ver a corto plazo —tenía que haber empezado antes, no se le ocurrió—. Vicente era un tipo que sabía escuchar y le dio ideas, pero sobre todo pidió ayuda a Raquel, de quien recibió los mejores consejos.

Carlos no solo cambió de hábitos con los clientes, también lo hizo a nivel personal. Las dos o tres cervezas que diariamente tomaba, fueron sustituidas por agua con gas o por cervezas sin alcohol. Vio con orgullo cómo su tripa perdió unos cuatro kilos en menos de un mes. También recuperó la actividad en el gimnasio y cambió las horas de sueño. Ya no se quedaba hasta la una de la madrugada viendo series o películas, y para las once de la noche ya estaba en la cama. Incluso recuperó el interés por la lectura. Raquel le aconsejó libros de divulgación en materia comercial a los que se aficionó pronto. Al poco tiempo leía también novelas. Esos cambios le hacían sentir mucho mejor consigo mismo. Ahora faltaba que llegaran las ventas.

Llegaban las Navidades y la actividad menguó muchísimo. Fue en esos días cuando tuvo un encuentro casual en la calle con el Pilas.

—¡Coño, Carlitos, qué vida llevas! Feliz Navidad y todo eso —dijo con afabilidad el Pilas.

—Hombre, Pilas, ¿qué tal, cómo te va?

—Bueno, tirando, buscando curro, pero con calma, ahora lo prioritario es acabar todo el papeleo del divorcio con mi mujer, luego me encargaré de buscar curro, aunque la cosa está jodida. Bueno, esperaré a que pasen estos días.

—Pues sí que estás entretenido. Bueno, a ver si me entero de algo y te digo —dijo Carlos con poca convicción, tan poca que el Pilas se lo notó y reaccionó eso sí, amablemente.

—Yo ya no soy el Pilas que conociste. Es más, cuando encuentre nuevo curro les diré que me llamo Jaime, que es el feo nombre que me pusieron mis padres. El Pilas ha muerto. He de reconocer que Diego tenía razón cuando me echó, yo me llevaba muy bien con su padre, pero lo cierto es que era un vago y un pelota. A su padre le gustaba la buena comida y la buena compañía, y yo sabía cómo complacerle y le toreaba, pero es cierto que los resultados no llegaban y en parte era mi culpa, descuidé mis rutas y mi planificación y encima era un soberbio, «al Pilas no le tose nadie», ya sabes. Yo de hecho no entré en Santa Águeda como comercial, sino como responsable de almacén. Fue Pedro Mari quien me vio virtudes comerciales y me probó como vendedor sin yo en realidad serlo. Simplemente me puso ahí porque según me dijo «te pasas mucho rato hablando con los clientes en el almacén, tienes un palique que ni los políticos para dar la chapa, mejor te pongo de comercial». Y fracasé. Pensaba que era un tema de dar la chapa y de sonrisitas y me equivoqué. Había clientes —se sinceró— que no podían ni ver al Pilas y me rehuían, otros sí, se reían con mis paridas y pasábamos buenos ratos. El caso es que todo eso me valió para conseguir los objetivos varios años hasta que cambió poco a poco todo. Las empresas constructoras se profesionalizaron mucho tras la crisis de la construcción allá por el año 2008, y los de compras eran gente joven, ingenieros altamente cualificados. Ya no valía con pasar «buenos ratos» ya no les valía el Pilas.

—Bueno…, Jaime, gracias por tu sinceridad, te aseguro que haré lo posible por ayudarte a encontrar curro.

—Y a todo esto no nos hemos tomado ni un café, Carlitos. ¿Tienes tiempo?

Carlos accedió y reconoció que algo estaba cambiando en el Pilas. Cuando eran compañeros, jamás aceptaba una negativa a un café —que normalmente era con un chorrete de *brandy*—. Jaime había preguntado si tenía tiempo, al Pilas no se le hubiera ocurrido.

## MORALEJAS PELMAS

→ El método PELMA no solo se aplica con los clientes, también con los jefes, pero siendo honesto siempre. Ser PELMA con los jefes implica hablarles con honestidad, diciendo los problemas reales con los clientes, demostrando que se visita, que se trabaja, que se tienen ideas.

→ Apoyarse en la gente. En este caso en Vicente, pero especialmente en Raquel. Son personas que dan ayuda, que ven que no son utilizadas, sino que la petición de auxilio es sincera. El escuadrón de apoyo no es solo el *back office*, sino también los propios compañeros que ven que no te aprovechas de ellos ni les quitas tiempo, pero que agradecen que alguien quiera mejorar gracias a su buen hacer comercial.

→ Luego está el caso del Pilas, sacado de una anécdota real que me ocurrió en mis tiempos como comercial. Gente a la que no admiras porque sabes que se ha aprovechado de la empresa y de la amistad con el jefe para mantenerse —no para crecer, simplemente para vivir del cuento—. Pero que merece tener una segunda oportunidad en la vida. No fue un ejemplo para Carlos en su día —liderator—, pero esa conversación sincera del excompañero te anima a ver que el camino y los cambios introducidos en la vida de Carlos son los correctos y le llevan al éxito. Muchas veces aparecen personas que queriendo o sin querer te ayudan a enderezar el rumbo.

# RELATO PELMA N.º 3

## ELENA

Elena era la responsable internacional para los mercados de Oriente Próximo de una empresa fabricante de luminarias y alumbrado público. Sus compradores eran distribuidores locales de cada país o estudios de arquitectura o ingenierías, empresas de diseño de iluminación o paisajistas acostumbrados a hacer este tipo de proyectos en países como Arabia Saudí, Catar, Omán, Kuwait, Líbano o Israel.

Elena, soltera y sin compromiso, tenía 42 años el día que fichó por APE (Alumbrado Público Eficiente). Tenía una notable experiencia trabajando en embajadas españolas por la zona cuando en noviembre de 2019 se animó a la aventura de APE. Nunca había sido antes comercial, pero era una persona extrovertida y sociable, pensaba que eso sería suficiente. Y luego también el motivo por el que consiguió el trabajo: conocía muy bien Oriente Próximo tras más de cuatro años viviendo allí.

Se formó en productos de luminarias lo más rápido que pudo, y ya en febrero del 2020 emprendió su primer viaje acompañada de Rubén, su jefe, un hombre de unos 50 años que llevaba más de 15 años en APE y era una persona reconocida a nivel nacional e internacional en el sector. Un hombre exigente y serio en su labor, pero que sabía relajarse fuera de lo que era el trabajo. Al final fue un compañero de viaje perfecto para Elena que, a su vez, se manejaba muy bien en situaciones de estrés, dominaba la diplomacia y era muy flemática. «La pena es que no sea un poco más agresiva…», solía pensar Rubén. Se lo llegó a decir en el viaje de ida, Elena no dijo nada, se limitó a un tímido asentimiento. En el fondo pensaba que con agresividad iba a conseguir pocos resultados, conociendo como ella conocía a los árabes.

Frecuentaron a varios distribuidores y alguna visita a puerta fría. Rubén se dio cuenta de que iba a ser una zona difícil; él estaba más acostumbrado a viajar a América, y pensó en esta ocasión que quizás el buen trato de Elena, su voz calmada y aterciopelada y su porte elegante y suave iban a funcionar muy bien en la zona.

Elena aprovechó el viaje sobre todo para aprender al máximo de Rubén, que era un hombre que, además de dominar el negocio, era muy didáctico, y sus consejos y explicaciones le ayudaron mucho en su aprendizaje. Por su parte, Rubén aprendió del tipo de cliente al que se iba a enfrentar Elena. El viaje fue provechoso para ambos en ese sentido.

Lo que no sabían ninguno de los dos era lo que se iba torcer la acción comercial a partir de marzo de 2020 con la pandemia del coronavirus.

Elena estaba desolada, «entro en la empresa y de repente esto, ¡buf!». Rubén le decía que estuviera tranquila, que esto enseguida se arreglaría. Pero Elena acababa de entrar y quería resultados más o menos rápidos, demostrar su valía. Tras un par de semanas en estado de *shock*, se puso a planificar su agenda. «Está bien, no puedo viajar, pero no estoy muerta, puedo trabajar igual desde casa». Y se hizo un plan de trabajo donde mezclaba videoconferencias, *emails*, RR. SS.… la cuestión era encontrar la manera de contactar con clientes.

Cuestión de reinventarse.

## MORALEJAS PELMAS

→   Elena no era comercial, ni siquiera técnicamente estaba preparada. Entonces, ¿por qué APE la fichó? Porque encontraron en ella a una persona que conocía muy bien el mercado a donde se iba a dirigir.

→   No era comercial, pero sabía de sus habilidades sociales y conocía el terreno que pisaba. No le supuso ningún problema. El estrés era el de Rubén, que quería que Elena fuera más agresiva.

→   El coronavirus fue un gran revés, sin duda, no solo para APE, sino para todo el mundo. A nivel de empresas fueron sobre todo las pequeñas las que más sufrieron el virus. A Elena eso le daba igual, a ella la habían contratado para hacer crecer el negocio en Oriente Próximo y a ello se iba a dedicar de manera decidida. Con un asesor —fui yo— hizo un plan comercial, un PACO. Es decir, un plan de acción comercial operativo. Y lo hizo con acciones a corto plazo que mezclaban llamadas, *emails*, videoconferencias…, es decir, no quedarse quieta a pesar de estar en casa. La cosa funcionó, sobre todo con clientes nuevos —ahí APE hizo un catálogo nuevo y vistoso que sin duda ayudó— que valoraron la oportunidad de un proveedor español con experiencias muy buenas sobre todo en sitios de playa, donde el salitre hacía mella en las luminarias, en las farolas de los paseos marítimos.

→ Evidentemente a Elena le costó, sobre todo contactar con clientes nuevos, con clientes que ni siquiera le había dado tiempo a conocer en su *tour* con Rubén en febrero del 2020. Pero no se amedrentó, y desde su casa, fijándose su plan, su PACO, y tratando de seguirlo a rajatabla, fue abriéndose puertas, sobre todo para que después de la cuarentena impuesta por el Gobierno pudiera volar y ver a esos nuevos clientes. *Emails*, llamadas, videoconferencias, RR. SS.…, todo era poco para poder llegar a más y más clientes.

→ En estos tiempos que corren no es cuestión de agresividad, y menos en mercados donde es más aconsejable cimentar una relación con cierta pausa, que sea duradera precisamente porque se piensa a largo plazo. Entonces, ¿qué hacer? La acción comercial debe ser dinámica, no se trata de apretar, sino de no parar de sembrar hasta llegar a todos los posibles clientes. Todo ello hecho con cuidado y siendo inteligente, sobre todo a la hora de manejar los mercados y los distribuidores, para que no choquen entre ellos a consecuencia de exclusividades. Y teniendo en cuenta también los ciclos de fabricación de APE, conociendo a la propia empresa para no cometer errores.

## RELATO PELMA N.º 4

### NICO

Nico era un hombre veterano, superaba ya los cincuenta y tenía una gran experiencia en el mundo del mobiliario de cocinas y baños. Entró como comercial en una nueva tienda llamada Estudio XXII. La dueña, Rocío, le puso el nombre harta de oír hablar de negocios que acababan en XXI, se decía así misma que su negocio iba a durar más de un siglo y así —decía con sorna— no tendría que cambiar el nombre allá por el año 2100. Rocío tenía experiencia en una anterior tienda, también de cocinas, situada en el interior de un centro comercial. El hecho de montar el negocio allí le pareció una buena idea, sus padres también tuvieron una tienda de cocinas en un centro comercial y siempre la animaban: allí iba a tener mucho tráfico de consumidores. Era verdad, pero también lo era que el poder adquisitivo de la gente del centro comercial era más bien el de un cliente que ella llamaba «tipo IKEA, solo les importa el precio». Rocío enseguida se dio cuenta de que esa clientela dejaba poco margen, y eso la llevaba a reducir costes y a no poder contar, por ejemplo, con algo fundamental en este negocio: unos buenos montadores de cocinas y baños. Se decidió tras tres años de más sinsabores que alegrías a abandonar la tienda y el centro comercial, y tras un tiempo de reflexión se decidió por montar Estudio XXII. Una tienda más céntrica en la ciudad, con más estilo y con proveedores de calidad superior. Fichó a Nico, que ya tenía amplia experiencia en este tipo de exposiciones en la ciudad y que por cierre de otra exposición se había quedado en el paro.

Cometió un primer error: prometerle a Nico que iba a ser el jefe de tienda de Estudio XXII, cuando iba a ser el único empleado de momento. Eso conllevaba pactar a su vez con él un sueldo superior al que le correspondía como decorador y proyectista.

La tienda se inauguró un día gris de otoño con bastante afluencia de gente. Rocío se presentó junto con Nico como un equipo sólido ante proveedores, arquitectos, proyectistas, decoradores e ingenieros. No cabía de gozo.

La tienda abrió al día siguiente de la inauguración de manera oficial, Rocío tenía otros negocios e intereses y su intención era dejarle solo a Nico en la tienda para que él la impulsara. Y así empezó la acción y gestión del jefe de tienda al frente de Estudio XXII: barriendo, limpiando y recogiendo los restos y la basura de la fiesta de inauguración del día anterior.

Las semanas fueron pasando y el negocio no terminaba de arrancar. Rocío hablaba con Nico habitualmente de ello.

—Es que no entra la gente, miran el escaparate y alguno, si entra, es más por curiosidad que otra cosa.
—Nadie entra en una tienda si no tiene un mínimo interés por lo que se vende en ella —contestaba seria Rocío.

Rocío se decidió a contratar a Inés como responsable de marketing tras una charla con un amigo común. Una chica joven, graduada en la materia sin mucha experiencia, pero muy avispada y entendida en nuevas tecnologías, algo de lo que tanto Nico como ella misma carecían. Rocío decidió que Inés trabajara desde su casa y que semanalmente tuviera una reunión de seguimiento con ella y con Nico en la tienda.

—Voy a tratar de posicionar a Estudio XXII en Internet, pero ya os advierto de que esto es lento, costará atraer *leads* a una tienda nueva y llevará tiempo porque no tenéis marca —dijo Inés mientras pensaba que tampoco la iban a tener con ese nombre, y a la vez miraba la cara de escepticismo de Nico y se decía «con este tío no me voy a entender».

Tras una primera reunión con el equipo de Estudio XXII, surgió la primera discrepancia seria entre Nico y Rocío. Esta le dijo a Nico que Inés estaba por encima de él y que iba a ser su supervisora, que se dejara guiar por ella y que trabajaran conjuntamente para sacar adelante Estudio XXII. Nico, por su parte, decía que Inés no sabía nada del sector y que tendría que ser al revés, que él fuera el jefe. Sin embargo, Rocío no dio su brazo a torcer y aún embelesada por los conocimientos digitales que le transmitía Inés, decidió mantenerse en su posición.

Lo cierto es que Inés consiguió algunos *leads* poco cualificados, esa era la verdad, y vio, por otra parte, que la mejor manera de llegar a clientes era a través de los gremios del sector. Es decir, visitar a arquitectos, decoradores, interioristas, etc. Para eso necesitaba a Nico, que conocía a mucha gente en la ciudad de ese mercado. Pero Nico no estaba por la labor, ni mucho menos «yo no soy comercial de calle, yo vendo cocinas y baños en la exposición, ahí soy bueno», solía decir; a lo que Rocío siempre le contestaba: «Pero para eso tienen que entrar los clientes y no entran. Habrá que buscarlos».

Otro problema era que si Nico salía a reunirse con los gremios, ¿quién era el que estaba en la tienda atendiendo a posibles interesados que se acercaran a por una cocina o un baño? Inés se comprometió a trabajar en la tienda mientras Nico hacía esas visitas; su labor sería dar citas para que Nico, cuando estuviera en la tienda, las atendiera. Fijaron un par de días de visitas de Nico y los otros tres de estancia de este en la tienda. Exactamente lo mismo para Inés que trabajaría desde su casa los días en que Nico estaba en Estudio XXII.

La estrategia no funcionó principalmente por la falta de actitud de Nico, que hacía muy pocas visitas y de poca calidad, la mayoría a decoradores conocidos suyos, que eran más competencia de Estudio XXII que posibles prescriptores. Inés, que el tiempo que estaba en la tienda lo dedicaba a promocionarla a través sobre todo de redes sociales, consiguió más citas con posibles clientes que las que solía conseguir Nico cuando estaba solo. Inés, desesperada, solicitó tras un mes reunirse con Rocío y abordar la situación.

—No está funcionando, me reúno con Nico todas las semanas y no veo avances por su parte. Me dice que él no es comercial, que él vale para vender cocinas en la exposición, y eso me lo dice en cada reunión y más de una vez para justificar su falta de resultados.

—Yo lo único que sé es que apenas vendemos cocinas y baños, vuestros sueldos, el alquiler del local y todos los demás costes me están superando —dijo triste Rocío—, confiaba en el trabajo de Inés, y sabía que era una cuestión de tiempo, pero…

Inés sabía que Rocío era una mujer acaudalada, le había ido bien en los negocios, particularmente en un negocio de compraventa de autocaravanas por el que apostó con mucho éxito, pero también sabía que no era tonta y que si Estudio XXII no funcionaba, a pesar de estar en un sector que ella conocía, se lo quitaría de encima en cuanto tuviera oportunidad.

La solución —pensó Rocío— no pasaba por hablar con Nico, ni siquiera con Inés, quien, a su vez, había programado una serie de eventos interesantes en la tienda —como una cata de cervezas— para atraer a un público en el que había focalizado los esfuerzos: los profesionales. Nico no tuvo inconveniente alguno por facilitar a Inés listados de prospectos, incluso señalando aquellos más idóneos para hacer eventos. En eso se mostró dinámico, su filosofía era «cualquier cosa menos salir a buscar clientes». Se consiguieron algunos referenciados, quienes, a su vez, remitieron a Estudio XXII algunos posibles compradores. La sorpresa para Rocío e Inés fue comprobar cómo en el vis a vis con los clientes en la tienda, Nico no era tan eficaz. Hablaba mucho, sí, técnicamente bien preparado, sin duda, pero escuchaba poco. La tasa de conversión del tráfico en la tienda en negocio no era la esperada. Vendió cocinas, sí, pero no con el volumen esperado por Rocío.

Momento de actuar. ¿Qué hacer? Rocío estaba en un mar de dudas. ¿Prescindir de Nico, prescindir de Inés, prescindir de ambos y dedicarse a las autocaravanas y emplear en ellas el 100 % de su tiempo? Inés tampoco sentía que estaba precisamente ante el trabajo de su vida, y Nico descontaba los días que le quedaban para jubilarse mientras lamentaba su suerte, no era jefe de nada ni de nadie.

## MORALEJAS PELMAS

→ Si no te vas a dedicar a un negocio al 100 % —Rocío y Estudio XXII—, pon al frente de él a una persona que sea gestor, sí, que domine el producto, sí, pero, sobre todo, que sea un PELMA y le guste serlo.

→ Poner a un *community manager* al frente de un jefe de tienda es un error. Hay que separar las dos funciones. Por un lado, la *community* y por otro el jefe de tienda. En Estudio XXII hace falta alguien que dirija, y ni Nico ni Inés sabían/querían dirigir, ambos estaban acostumbrados a ser dirigidos.

→ Apostar por gente veterana está muy bien, pero si se le dan responsabilidades —vas a ser jefe de tienda—, hay que cumplirlas. Un veterano necesita responsabilidades, y sobre todo en lo que él entiende que es bueno, si no se le dan, baja los brazos. Nico fue a vender cocinas, a ser el gestor de una tienda, no a hacer otras funciones que no había hecho nunca, como salir a vender.

→ Hubiera sido mejor igual buscar a un comercial que estuviera enamorado del mundo de la decoración, con experiencia más corta, pero con conocimientos y actitud para las ventas. Igual Rocío hubiera necesitado igualmente a Inés, pero ni Inés ni el mencionado nuevo comercial son expertos en el sector. Rocío tiene que entender que al frente del negocio debe estar ella y dedicarle más tiempo, sobre todo cuando se está arrancando el negocio. O bien fichar a una Inés que venga del sector y entienda de este.

# EPÍLOGO

## SER UN PELMA SIN SERLO

El método PELMA no es un método cualquiera. En mis incontables experiencias acompañando a comerciales por las Españas —ahora mismo estoy en Madrid tras una intensa jornada de trabajo entrenando a una comercial de un buen cliente mío—, me ha tocado hoy, por ejemplo, a una comercial de esas que puede, pero no quiere. De las tareas difíciles que a veces uno tiene que lidiar; daría el día de hoy para otro relato mío.

Fueron esas experiencias de entrenamientos con clientes las que me hicieron dudar si desarrollar el método. Ya se ha acabado por fin la generación esa que dice que «vender consiste en hacerse amigo del cliente, llevarlo a comer, a tomar café, conocer a su mujer/marido...». Esa fauna de vendedores gracias a Dios ya ha desaparecido. ¿Por qué gracias a Dios? Porque eran comerciales que empatizaban muy bien con gente de su edad, pero era imposible que se reciclaran para buscar vender a las siguientes generaciones. Además, te lo decían: «Hoy vender a los jóvenes es un infierno porque creen que se lo saben todo y no tienen ni idea de nada».

Eso, por un lado, y, por otro, ligado a lo anterior, la aparición de las nuevas tecnologías cada vez más presentes en el día a día. Hoy es raro encontrar a una empresa que no tenga un CRM si tiene un equipo comercial. Pero es que hace diez años en las pequeñas empresas era lo normal, y hace veinte incluso en las medianas y algunas grandes no tenían un sistema de monitorización de las ventas. Y si a eso añadimos ahora herramientas más de futuro que de presente, como puede ser la IA…

Lo que no ha cambiado, y estoy convencido que no cambiará, es la relación comercial entre personas, la venta H2H, de humano a humano, como decía Bryan Kramer. Al menos no cambiará en el mundo B2B, estoy convencido de ello. En el B2C ya está cambiando con la IA, aunque aún queda mucho.

En este sentido el método PELMA es un aporte de valor a las relaciones comerciales, es sacar de la cabeza la cuestión del precio al cliente y del producto al comercial. Es una visión moderna y sobre todo humanista que pone el énfasis en los valores de la empresa y, de paso, en los de las personas que trabajan en ella.

Pero, sobre todo, ahora que ya has leído, querido vendedor, el método al completo —no creo que hayas empezado por el epílogo el libro—, lo más importante es la *L* del método PELMA. Porque si tú no te lo crees, si no crees en las bondades de tu producto, de tu servicio, de tu equipo y de tu marca, va a ser muy difícil que consigas establecer un vínculo especial con el cliente. Un vínculo de ganancia mutua, de beneficio compartido, de acompañar al cliente a lo largo de su vida profesional porque quieres su éxito, la suma de los éxitos de tus clientes. Si parte de ellos han sido gracias a tu intervención, será la suma de tu propio éxito.

Y no me resisto a terminar estas páginas sin recordar el método y las series que han ayudado a describirlo. Las cosas de ser un PELMA irredento:

- *PROFRUTO.* Hay que encontrar el valor de nuestro producto por encima de su precio, qué beneficio da a nuestro cliente. En *The Office*, a Michael Scott, el director de la oficina, no le daba aparentemente ninguno un producto como el papel, es decir, del material de oficina, de muy poco valor añadido, lo que se conoce como un *commodity,* cuál puede ser su ventaja competitiva. Pues incluso en este tipo de productos hay que hacerle ver el valor añadido de nuestra oferta, para eso además del profruto nos sirven los demás elementos del método PELMA.
- *ESCUADRÓN DE APOYO.* Trabajando en *broque*[23] con un buen servicio detrás de los comerciales, como en *Canción triste de Hill Street.* «Tengan cuidado ahí fuera».
- *LIDERATOR.* Acuérdate de que un buen líder es el que se gana la *auctoritas* —decían los romanos de la serie *Roma*— de su gente, de su equipo, de su familia, de su cliente. Aspira este a convertirse, sin miedo, con convicción, con seguridad en uno mismo, en un referente para ellos. Alguien a quien seguir por su asesoramiento técnico o por su capacidad de servicio.
- *MARCALOR.* Preocúpate en la disertación del método PELMA de incluir siempre los valores de la marca a la que representas, siempre cuidando de ella. Conviértete en uno más de marketing cuando estés frente al cliente, no dejes la gestión de tu marca en manos solo de la dirección de la empresa, como ocurre en la serie *The Boys.* Tú solo como vendedor no puedes hacer mucho, necesitas una marca detrás. Marca que, no olvides, siempre ha sido buena y siempre lo es y lo va a seguir siendo. Marca que abrasa, que da calor.
- *AUXILIO.* Sobre todo, estate alerta, y siempre dispuesto a auxiliar a los clientes, que a veces se enredan ellos solos con los can-

---

23  Cuando era un niño, tenía un entrenador de fútbol de origen andaluz que para insistirnos en trabajar en equipo nos arengaba en los partidos: «¡Todos a defender (o a atacar)! ¡En *broque*!».

tos de sirena de la competencia y, en cambio, saben que te necesitan, como los funcionarios del *Ministerio del Tiempo*, o como Penny en *The Big Bang Theory*, siempre dispuesta a auxiliar a los sesudos de sus vecinos. Eres el Profesor de *La casa de papel*, no lo olvides, siempre llevas un plan A, un plan B, C, D, E, F…

Y, por último, no me despido definitivamente sin hablar de los jefes, sean estos empresarios o directivos, que tienen que gestionar a un equipo de ventas. El éxito del método PELMA depende de su implicación, de formar al equipo y de dirigirlo para que la aplicación del método sea constante. Hay que adquirir el hábito para ejecutarlo, y antes de eso hay que ganarse el respeto del equipo para que vean que en la supervisión y mejora del método está la empresa involucrada. «Por orden de los Peaky Blinders».

# BIBLIOGRAFÍA

Alcaide, J. C. (2019). *Silver economy*. Lid editorial.
Dyer, W. (1976). *Tus zonas erróneas*. Grijalbo.
Iribertegui, M. (2016). *Vender de cine*. ESIC Editorial.
Kramer, B. (2017). *Human to human H2H*. Waldorf pub.
Lemaitre, P. (2017). *Recursos inhumanos*. Alfaguara.
Rackham, N. (2021). *SPIN Selling*. Routledge.